Fragmentos para a
história da filosofia

Dados Internacionais de Catalogação na Publicação (CIP)
(Câmara Brasileira do Livro, SP, Brasil)

Schopenhauer, Arthur, 1788-1860
  Fragmentos para a história da filosofia /
Arthur Schopenhauer ; tradução de Daniel Guilhermino. –
Petrópolis : Vozes, 2024. – (Coleção Vozes de Bolso)

  Título original: Fragmente zur Geschichte der Philosophie.
  ISBN 978-85-326-6819-6

  1. Filosofia alemã 2. Schopenhauer, Arthur, 1788-1860
I. Título. II. Série.

24-210613   CDD-193

Índices para catálogo sistemático:

1. Schopenhauer : Filosofia alemã 193

Tábata Alves da Silva – Bibliotecária – CRB-8/9253

Arthur Schopenhauer

Fragmentos para a história da filosofia

Tradução de Daniel Guilhermino

Vozes de Bolso

Tradução do original em alemão intitulado
Fragmente zur Geschichte der Philosophie

© desta tradução:
2024, Editora Vozes Ltda.
Rua Frei Luís, 100
25689-900 Petrópolis, RJ
www.vozes.com.br
Brasil

Todos os direitos reservados. Nenhuma parte desta obra poderá ser reproduzida ou transmitida por qualquer forma e/ou quaisquer meios (eletrônico ou mecânico, incluindo fotocópia e gravação) ou arquivada em qualquer sistema ou banco de dados sem permissão escrita da editora.

CONSELHO EDITORIAL	PRODUÇÃO EDITORIAL
Diretor	Aline L.R. de Barros
Volney J. Berkenbrock	Marcelo Telles
	Mirela de Oliveira
Editores	Otaviano M. Cunha
Aline dos Santos Carneiro	Rafael de Oliveira
Edrian Josué Pasini	Samuel Rezende
Marilac Loraine Oleniki	Vanessa Luz
Welder Lancieri Marchini	Verônica M. Guedes
Conselheiros	**Conselho de projetos editoriais**
Elói Dionísio Piva	Luísa Ramos M. Lorenzi
Francisco Morás	Natália França
Gilberto Gonçalves Garcia	Priscilla A.F. Alves
Ludovico Garmus	
Teobaldo Heidemann	
Secretário executivo	
Leonardo A.R.T. dos Santos	

Diagramação: Editora Vozes
Revisão gráfica: Heloísa Brown
Capa: Editora Vozes

ISBN 978-85-326-6819-6

Este livro foi composto e impresso pela Editora Vozes Ltda.

Sumário

1 – A história da filosofia, 7

2 – Filosofia pré-socrática, 9

3 – Sócrates, 23

4 – Platão, 27

5 – Aristóteles, 33

6 – Estoicos, 41

7 – Neoplatônicos, 48

8 – Gnósticos, 55

9 – Escoto Erígena, 56

10 – A escolástica, 63

11 – Bacon de Verulam, 66

12 – A filosofia dos modernos, 68

13 – Esclarecimentos ulteriores sobre a filosofia de Kant, 86

14 – Algumas observações sobre minha própria filosofia, 162

1
A história da filosofia

Ler, em vez das obras dos próprios filósofos, todo tipo de exposição sobre suas doutrinas ou sobre a história da filosofia em geral é como deixar que outra pessoa mastigue a comida para nós. Será que alguém ainda leria sobre a história do mundo se fosse possível observar livremente com os próprios olhos os eventos relevantes do passado? No que diz respeito à história da filosofia, contudo, essa autópsia do objeto é de fato acessível, a saber, nos próprios escritos dos filósofos, sendo até mesmo possível, por uma questão de brevidade, limitarmo-nos a capítulos principais bem escolhidos; tanto mais porque todos eles estão repletos de repetições das quais podemos nos poupar. Dessa forma, conheceremos o essencial de suas doutrinas de modo autêntico e não adulterado, ao passo que, da meia dúzia de histórias da filosofia que ora aparecem anualmente, receberemos meramente aquilo que entrou na cabeça de um professor de filosofia, e da forma como elas aparecem nessa cabeça. É evidente, portanto, que os pensamentos de um grande espírito devem encolher consideravelmente para encontrar espaço no cérebro de três libras de tal parasita da filosofia, cérebro do qual tais pensamentos devem então emergir, revestidos com o jargão da época e acompanhados de sua avaliação precoce. – Além disso, podemos supor que um tal historiador da filosofia ávido por dinheiro dificilmente leu sequer a décima parte dos escritos sobre os quais relata: seu verdadeiro estudo requer uma vida inteira, longa e trabalhosa, como o corajoso Brucker o fez nos velhos e laboriosos tempos. Mas o que poderiam ter pesquisado a fundo essa gentinha, impedida por constantes conferências, negócios burocráticos, viagens de férias e distrações, e que geralmente aparecem já em seus primeiros anos com histórias da filosofia? Além disso, eles também querem ser pragmáticos, pretendem ter compreendido e explicado a necessidade do surgimento e da sucessão de sistemas, e até mesmo avaliar, reprovar e dominar aqueles filósofos sérios e genuínos do passado. Como é possível que eles não copiem os antigos e uns aos outros e, depois, para ocultar isso, arruínem ainda mais as coisas ao se esforçarem para lhes dar o giro moderno do último quinquênio, avaliando-os também segundo este espírito? – Por outro lado, seria bastante conveniente uma coleção das passagens importantes e dos capítulos essenciais de todos os principais filósofos, compilada em conjunto e conscienciosamente por pesquisadores honestos e inteligentes, e composta em uma ordem cronológico-pragmática; de modo similar, embora bem mais detalhado, à realizada primeiramente por Gedicke e mais tarde Ritter e Preller com relação à filosofia antiga – portanto, uma grande e geral crestomatia preparada com cuidado e conhecimento do assunto.

Os fragmentos que apresento aqui são no mínimo não tradicionais, isto é, copiados; antes, são pensamentos motivados por meu próprio estudo das obras originais.

2
Filosofia pré-socrática

Os filósofos eleatas foram certamente os primeiros a se conscientizarem do contraste entre o intuído e o pensado, fenômeno e númeno[1]. Somente este último era, para eles, o verdadeiramente existente, a coisa-em-si[2]. – Desta, eles então afirmam que seria una, imutável e imóvel; mas não afirmam isto dos fenômenos, do que é intuído, aparente, empiricamente dado, o que teria sido completamente ridículo; essa proposição de tal modo mal compreendida foi uma vez refutada, como se sabe, por Diógenes. Portanto, eles de fato já faziam a distinção entre fenômeno e coisa-em-si. Esta última não podia ser intuída sensivelmente, mas apenas apreendida pelo pensamento, e era, portanto, númeno (Arist. *Metaph.* I, 5, p. 986 et *Scholia* edit. Berol. pp. 429, 430 e 509). Nos escólios a Aristóteles (p. 460, 536, 544 e 798), menciona-se o escrito de Parmênides "Sobre a opinião"[3]. Este escrito teria sido a doutrina do *fenômeno*, a física: a ela, sem dúvida, terá correspondido outra obra, "Sobre a verdade"[4], a doutrina da *coisa-em-si*,

---

1. Φαινόμενα e νοούμενα.

2. ὄντως ὄν.

3. τὰ κατὰ δόξαν.

4. τὰ κατ᾽ ἀλήθειαν.

portanto a metafísica. Sobre Melisso, um escólio de Filoponos diz diretamente: "à medida que, em relação à verdade, ele diz que o ser é um, em relação à opinião diz-se dois (deveria ser "muitos" ϖολλὰ)"[5]. – A antítese dos eleatas, e provavelmente provocada por eles, é Heráclito, que ensinava sobre o movimento incessante de todas as coisas, enquanto aqueles ensinavam a imobilidade absoluta: Heráclito, portanto, permaneceu com o fenômeno (Arist. *De caelo,* III, 1, p. 298, edit. Berol.). Com isso, Heráclito provocou, como seu oposto, a doutrina das ideias de Platão, como fica evidente no relato de Aristóteles (*Metaph.* p. 1078).

É digno de nota que encontremos as principais proposições dos filósofos pré-socráticos (que foram preservadas) facilmente enumeradas e repetidas inúmeras vezes nos escritos dos antigos; além disso, porém, temos muito pouco: assim, por exemplo, os ensinamentos de Anaxágoras sobre o intelecto[6], as homeomerias[7] e os quatro elementos, – os de Empédocles sobre amizade e discórdia[8] – os de Demócrito e Leucipo sobre os átomos e as imagens[9], – os de Heráclito sobre o constante fluxo das coisas, – os dos eleatas, conforme discutido acima, – os dos pitagóricos sobre os números, a metempsicose e assim por diante. Apesar de tudo, é bem possível que esse fosse o resumo de

---

5. ἐν τοῖς πρὸς ἀλήθειαν ἓν εἶναι λέγων τὸ ὄν, ἐν τοῖς πρὸς δόξαν δύο (deveria ser πολλὰ) φησὶν εἶναι.

6. νοῦς.

7. ὁμοιομερίαι.

8. φιλία καὶ νεῖκος.

9. εἴδωλα.

todas as suas filosofias, pois também encontramos as poucas proposições fundamentais de suas filosofias repetidas inúmeras vezes nas obras dos modernos, por exemplo Descartes, Espinosa, Leibniz e até mesmo Kant; de modo que todos esses filósofos parecem ter adotado o dito de Empédocles, que também pode ter sido um amante do sinal de repetição, "o belo pode ser dito duas e mesmo três vezes"[10] (cf. Sturz, *Empedoclis Agrigentini*, p. 504).

Os dois dogmas de Anaxágoras mencionados acima estão, a propósito, intimamente vinculados – a saber, *tudo está em tudo*[11] é sua designação simbólica do dogma das homeomerias. Portanto, as *partes similares* (no sentido fisiológico) de todas as coisas estavam presentes na massa caótica primordial. Para separá-las e juntá-las, para ordená-las e formá-las em coisas especificamente diferentes (*partes dissimilares*), era necessário um *intelecto*[12] que, selecionando as partes constituintes, traria ordem à confusão, uma vez que o caos continha a mais completa mistura de todas as substâncias (*Scholia in Aristot*, p. 337). Entretanto, o *intelecto*[13] não havia realizado completamente essa primeira separação; logo, em todas as coisas ainda se encontravam as partes constituintes de todas as outras, ainda que em um grau menor: *porque, novamente, tudo está misturado com tudo*[14] (*Scholia in Aristot*, p. 337).

---

10. δὶς καὶ τρὶς τὰ καλά.

11. πάντα ἐν πᾶσιν.

12. νοῦς.

13. νοῦς.

14. πάλιν γὰρ πᾶν ἐν παντὶ μέμικται.

Empédocles, por outro lado, em vez de incontáveis homeomerias, possuía apenas quatro elementos – a partir dos quais as coisas agora deveriam emergir como produtos e não como edutos[15], como era no caso de Anaxágoras. Mas o papel de unificação e separação por parte do *pensamento*[16], portanto de ordenação, é desempenhado, em Empédocles, por φιλία καὶ νεῖκος, amor e ódio. Ambos são muito mais sensíveis. Não é ao intelecto (νους), mas à *vontade* (amor e ódio[17]) que ele atribui a ordenação das coisas, e as substâncias dos mais variados tipos não são, como em Anaxágoras, meros edutos, mas produtos efetivos. Se, para Anaxágoras, elas eram provocadas por um entendimento que separa, para Empédocles, por outro lado, elas eram provocadas por um impulso cego, ou seja, por uma vontade desprovida de cognição.

Empédocles é, acima de tudo, um homem íntegro, e seu *amor e ódio*[18] se baseia em um *aperçu* profundo e verdadeiro. Já na natureza inorgânica vemos os materiais buscando ou fugindo uns dos outros, unindo-se e separando-se, conforme as leis de afinidades eletivas. Aqueles que demonstram a mais forte inclinação para se vincular quimicamente, mas que só podem se liberar em estado líquido, entram na mais decidida oposição elétrica quando em contato um com o outro no estado

---

15. Do latim *educere*, "conduzir para fora" [N.T.].

16. νοῦς.

17. φιλια και νεικος.

18. φιλια και νεικος.

sólido: eles então se afastam hostilmente em polaridades opostas, para depois buscar e abraçar um ao outro novamente. E o que seria essa oposição polar, que ocorre em toda a natureza nas mais diversas formas, senão uma divisão constantemente renovada, seguida de uma reconciliação ardentemente desejada? Assim, amor e ódio[19] estão efetivamente presentes por toda parte e é somente de acordo com as circunstâncias que um ou outro surgirão a cada vez. Dessa forma, nós próprios podemos ser amigos ou inimigos instantâneos de qualquer pessoa que se aproxime de nós: a disposição para ambos está presente e aguarda as circunstâncias. Somente a prudência nos diz para permanecer no ponto neutro de indiferença, mesmo que esse seja também o ponto de congelamento. Da mesma forma, o cão estranho de quem nos aproximamos está instantaneamente pronto para adotar um tom amigável ou hostil e passar facilmente do latir e rosnar para o abanar o rabo e vice-versa. O que subjaz a esses fenômenos comuns de amor e ódio[20] é a grande oposição primordial entre a unidade de todos os entes em relação ao seu ser em si e sua completa diferença na aparência, que tem como forma o *principium individuationis.* Da mesma forma, Empédocles reconheceu que a doutrina dos átomos, que já era conhecida por ele, era falsa e, em vez disso, ensinou sobre a divisibilidade infinita dos corpos, como Lucrécio relata em Lib. I, v. 747ss.

---

19. φιλία καὶ νεῖκος.

20. φιλία καὶ νεῖκος.

Mas, acima de tudo, entre os ensinamentos de Empédocles, seu decidido pessimismo é digno de nota. Ele reconheceu plenamente a miséria de nossa existência, e o mundo é, para ele, assim como para os verdadeiros cristãos, um vale de lágrimas – Ἄτης λειμών. Ele já a compara, como Platão fez mais tarde, a uma caverna escura na qual estaríamos confinados. Em nossa existência terrena, ele vê um estado de banimento e miséria, e a carne é o cárcere da alma. Essas almas já estiveram em um estado infinitamente feliz e, por meio de sua própria culpa e pecado, caíram em sua ruína atual, na qual, por meio da conduta pecaminosa, ficam cada vez mais implicadas e caem no ciclo da metempsicose, ao passo que, por meio da virtude e da pureza da moral, que também inclui a abstenção de alimentos de origem animal e o afastamento dos prazeres e desejos terrenos, elas podem retornar ao seu estado anterior. – Assim, a mesma sabedoria originária que constitui a ideia fundamental do bramanismo e do budismo, até mesmo do verdadeiro cristianismo (que não deve ser compreendido no sentido do racionalismo otimista judaico-protestante), também foi trazida à consciência por esse grego antigo, completando assim o *consensus gentium* sobre ela. É provável que Empédocles, a quem os antigos sempre se referem como pitagórico, tenha herdado essa visão de Pitágoras, em especial porque ela é basicamente compartilhada por Platão, que também ainda está sob a influência de Pitágoras. Empédocles está firmemente comprometido com a doutrina da metempsicose, que está ligada a essa visão de mundo. – As passagens dos antigos que, juntamente com seus próprios versos, testemunham a concepção de mundo de Empédocles, estão compiladas com grande cuidado em *Sturzii Empedocles Agrigentinus*, pp. 448-458.

A visão de que o corpo é um cárcere, de que a vida seria um estado de sofrimento e purificação do qual a morte nos liberta quando saímos da transmigração é compartilhada pelos egípcios, pitagóricos, Empédocles, hindus e budistas. Com exceção da metempsicose, ela também está contida no cristianismo. Essa visão dos antigos é atestada por Diodoro Siculus e Cícero (S. Wernsford, *de metempsychosi Veterum*, p. 31, e Cic. fragmenta, p. 299 [somm. Scip.], 316, 319, ed. Bip.). Cícero não indica nessas passagens a qual escola filosófica elas pertencem, mas elas parecem ser remanescentes da sabedoria pitagórica. Há também muita verdade em outras doutrinas desses filósofos pré-socráticos, das quais darei alguns exemplos.

De acordo com a cosmogonia de Kant e Laplace, que pela observação de Herschel ainda recebeu uma confirmação factual *a posteriori* – confirmação que Lord Rosse, com seu telescópio gigante, está agora se esforçando para tornar novamente vacilante, para o consolo do clero inglês –, os sistemas planetários são formados pela condensação de nebulosas luminosas que se coagulam lentamente e depois giram em círculos: aqui, depois de milhares de anos, Anaxímenes tem novamente razão quando declarou que o ar e o vapor são o material fundamental de todas as coisas (*Schol. in Arist.* p. 514). Ao mesmo tempo, no entanto, comprova-se Empédocles e Demócrito, uma vez que eles, tal como Laplace, já explicavam a origem e a existência do mundo a partir de um vórtice, δίνη (Arist. op. ed. Berol. p. 295, et *Scholia* p. 351), sobre o qual também Aristófanes zomba (*Nubes*, v. 820), como se fosse uma impiedade; exatamente como os padres ingleses estão hoje sentindo-se desconfortáveis com a teoria de Laplace, ou seja, temendo por seus benefícios, como acontece com toda verdade que vem à tona. – Até certo ponto, nossa estequiometria química remete certamente à filosofia pitagórica dos números: "pois as propriedades e relações dos números são o fundamento para as propriedades e relações das coisas, como, por exemplo, o duplo, um e um terço, um e meio"[21] (*Schol. in Arist.* p. 543 et 829). – Que o sistema copernicano foi antecipado pelos pitagóricos é bem conhecido; na verdade, isso era conhecido por Copérnico, que extraiu sua ideia básica da conhecida passagem sobre Hicetas no *quaestionibus acad.* (II, 39) de Cícero e sobre Filolau em *De plaicitis philosophorum* (Lib. III, c. 13) de Plutarco. Esse conhecimento antigo e importante foi posteriormente rejeitado por Aristóteles, que colocou suas bobagens em seu lugar, sobre as quais falarei abaixo em §5 (Cf. *O mundo como vontade e representação*, II, p. 342 da 2. ed.; II, p. 390 da 3. ed.). Mas mesmo as descobertas de Fourier e Cordier sobre o calor no interior da Terra são confirmações da

---

21. τὰ γὰρ πάθη καὶ αἱ ἕξεις τῶν ἀριθμῶν τῶν ἐν τοῖς οὖσι παθῶν τε καὶ ἕξεων αἴτια, οἷον τὸ διπλάσιον, τὸ ἐπίτριτον, καὶ ἡμιόλιον.

doutrina dos pitagóricos: "os pitagóricos disseram que no meio da Terra encontra-se um fogo ativo que esquenta e vivifica a Terra"[22] (*Schol. in Arist.* p. 504). E se, em consequência dessas mesmas descobertas, a crosta terrestre for considerada atualmente como uma camada fina entre dois meios (atmosfera e metais e metaloides fluidos e quentes), cujo contato deve causar um incêndio que aniquilará essa crosta, isso confirma a opinião de que o mundo será finalmente consumido pelo fogo, da qual todos os filósofos antigos concordam e que também é compartilhada pelos hindus (*Lettres édifiantes*, 1819, vol. 7, p. 114). – Também deve ser observado que, como pode ser visto em Aristóteles (*Metaph.* I, 5. p. 986), os pitagóricos, sob o nome de "dez princípios"[23], apreenderam precisamente o *Yin* e *Yang* dos chineses.

Que a metafísica da música, tal como a apresentei em meu trabalho principal (vol. I, § 52 e vol. II, cap. 39), pode ser vista como uma interpretação da filosofia pitagórica dos números, já foi brevemente indicado e será discutido aqui com mais detalhes; ao fazê-lo, no entanto, pressuponho que as passagens citadas estejam presentes para o leitor. – De acordo com a metafísica da música, a *melodia* expressa todos os movimentos da vontade conforme ela se manifesta na autoconsciência humana, ou seja, todos os afetos, sentimentos etc.; a *harmonia*, por outro lado, designa a escala da

---

22. ἔλεγονδὲ Πυθαγόρειοι πῦρ εἶναι δημιουργικὸν περὶ τὸ μέσον καὶ κέντρον τῆς γῆς, τὸ ἀναθαλποῦν τὴν γῆν καὶ ζωοποιοῦν.

23. δέκα ἀρχαί.

objetivação da vontade no restante da natureza. A música é, neste sentido, uma segunda realidade, que é completamente paralela à primeira, mas é, a propósito, de um tipo e natureza completamente diferentes; portanto, é perfeitamente análoga a ela, ainda que não lhe seja em nada semelhante. Ora, a música, *como tal*, existe apenas em nossos nervos auditivos e no cérebro: fora ou *em si mesma* (entendida no sentido lockiano), ela consiste em nada além de relações numéricas; a saber, primeiro, de acordo com sua quantidade, no que diz respeito ao compasso; e depois, de acordo com sua qualidade, no que diz respeito às notas da escala musical; ou, em outras palavras, a música consiste em relações numéricas tanto em seu elemento rítmico como em seu elemento harmônico. Assim, toda a essência do mundo, tanto em seu microcosmo quanto em seu macrocosmo, deve ser expressa por meras relações numéricas e, portanto, até certo ponto, pode ser remetida a tais relações: nesse sentido, Pitágoras estaria certo ao colocar a essência própria das coisas nos números. – Mas o que são os números? – Relações de sucessão cuja possibilidade se baseia no *tempo*.

Se lermos o que é dito sobre a filosofia pitagórica dos números nos escólios a Aristóteles (p. 829, ed. Brol.), podemos ser levados a supor que o uso tão estranho e misterioso, beirando o absurdo, da palavra *logos*[24] na abertura do Evangelho atribuído a João, bem como seu uso análogo em Fílon, derivam da filosofia pitagórica dos

---

24. λόγος.

números, nomeadamente do significado da palavra *logos*[25] no sentido aritmético, como uma *ratio numerica*: uma vez que tal relação, de acordo com os pitagóricos, constitui a essência mais íntima e indestrutível de todo ser e é, portanto, seu primeiro e originário *principium*, *archê*[26], segundo o qual *no princípio era o verbo*[27] se aplicaria a todas as coisas. Levemos em consideração que Aristóteles (*De Anima* I, I) afirma: "as afecções são o logos na matéria", e logo depois: "pois o logos é a forma das coisas"[28]. Isso também nos faz lembrar do *logos seminal*[29] dos estoicos, ao qual retornarei em breve.

De acordo com a biografia de Pitágoras escrita por Jâmblico, ele recebeu sua educação principalmente dos sacerdotes no Egito, onde permaneceu dos 22 aos 56 anos de vida. Tendo retornado quando tinha 56 anos, ele de fato pretendia fundar um tipo de estado sacerdotal entre os gregos, uma imitação das hierarquias dos templos egípcios, embora com as modificações necessárias. Não obteve sucesso em sua terra natal, Samos, mas o obteve até certo ponto em Cróton. Como a cultura e a religião egípcias sem dúvida se originaram na Índia, como prova a sacralidade da vaca, juntamente com uma centena de outras coisas (Herod. II, 41), isso explica a prescrição de Pitágoras de se abster de alimentos de origem animal, ou seja,

---

25. λόγος.

26. ἀρχή.

27. ἐν ἀρχῇ ἦν ὁ λόγος.

28. τὰ πάθη λόγοι ἔνυλοί εἰσι, et mox: ὁ μὲν γὰρ λόγος εἶδος τοῦ πράγματος.

29. λόγος σπερματικός.

a proibição de abater gado (Jambl. *vit. Pyth*. c. 28, §150), bem como a ordem de poupar todos os animais, bem como explica sua doutrina da metempsicose, suas vestes brancas, sua eterna conduta misteriosa, que deu origem aos ditos simbólicos e se estendeu a teoremas matemáticos, além da fundação de uma espécie de casta sacerdotal, com disciplina rigorosa e muito cerimonial, a adoração do sol (c. 35, §256) e muitas outras coisas. Ele também obteve seus mais importantes conceitos astronômicos básicos dos egípcios. Assim, a prioridade da doutrina da obliquidade da eclíptica foi contestada por Oinopides, que esteve com ele no Egito (cf. ao fim do 24º capítulo do primeiro livro das *Églogas* de Estobeu com as notas de Heerens a partir de Diodoro, especialmente livro I, cap. 25 e ss.) Em geral, no entanto, se examinarmos os conceitos astronômicos elementares de todos os filósofos gregos compilados por Estobeu (especialmente no livro I, c. 25ss.), descobriremos que eles sempre trouxeram teses absurdas para o mercado, com a única exceção dos pitagóricos que, no geral, acertaram em tudo. Que eles tenham herdado sua sabedoria do Egito está fora de dúvida. A conhecida proibição de Pitágoras em relação ao feijão é de origem puramente egípcia e meramente uma superstição tirada de lá, dado o relato de Heródoto (II, 37) de que no Egito o feijão é considerado impuro e é abominado, de modo que os sacerdotes não suportam nem mesmo olhar para ele. A propósito, o fato de que a doutrina de Pitágoras era decididamente panteísta é atestada de forma tão sucinta quanto breve por uma frase dos pitagóricos retida para nós por Clemente de Alexandria na *Cohortatio ad gentes*, cujo dialeto dórico indica a autenticidade: "Tampouco devemos perder de vista os seguidores dos pitagóricos, que dizem que Deus é Um; e ele não está, como suspeitam alguns, fora da ordem universal e separado, mas dentro dela, estando totalmente presente em todo o círculo, sendo o guardião de todo o vir-a-ser, misturando o todo, existindo para sempre, detentor de seus próprios poderes, doador de luz de todas as suas obras no céu e pai de todas as coisas, espírito e princípio vivo de todo o círculo, movimento de todas as coisas"[30] (S. Clem. Alex. Opera Tom. I, p. 118 in *Sanctorum Patrum* oper. polem., vol. IV, Wirceburgi 1778.). É bom, com efeito, convencer-se, em todas as oportunidades, de que o teísmo autêntico e o judaísmo são conceitos intercambiáveis. De acordo com Apuléio, Pitágoras teria ido até a Índia e teria recebido ensinamentos dos próprios brâmanes (S. Apulej. *Florida*, p. 130, ed. Bip.). Creio, portanto, que a sabedoria e o conhecimento de Pitágoras, que de fato devem ser altamente elogiados, não consistiam tanto no que ele próprio pensou, mas mais naquilo que aprendera; ou seja, eram menos dele próprio do que alheios. Isso é confirmado por um dito de Heráclito sobre ele (Diog. Laert.

---

30. Οὐκ ἀποκρυπτέον οὐδὲ τοὺς ἀμφὶ τὸν Πυθαγόραν, οἵ φασιν· Ὁ μὲν θεὸς εἷς· χοὔτος δὲ οὐχ, ὥς τινες ὑπονοοῦσιν, ἐκτὸς τᾶς διακοσμήσιος, ἀλλ' ἐν αὐτᾷ, ὅλος ἐν ὅλῳ τῷ κύκλῳ, ἐπίσκοπος πάσας γενέσιος, κρᾶσις τῶν ὅλων· ἀεὶ ὤν, καὶ ἐργάτας τῶν αὐτοῦ δυνάμιων καὶ ἔργων ἁπάντων ἐν οὐρανῷ φωστήρ, καὶ πάντων πατήρ, νοῦς καὶ ψύχωσις τῷ ὅλῳ κύκλῳ, πάντων κίνασις.

Lib. VIII, c. 1, §. 5)[31]. Caso contrário, ele também os teria escrito para evitar que seus pensamentos perecessem: por outro lado, o que foi aprendido de outros permaneceu seguro na fonte.

---

31. Eis o dito, na tradução de Mary C.N. Lafer: "Pitágoras, filho de Mnemsarco, exercitou-se em história mais do que todos os homens e, tendo escolhido estes escritos, fez ele próprio seu saber, sua erudição e suas habilidades que intrigam" [N.T.].

3
Sócrates

A sabedoria de Sócrates é um artigo de fé filosófico. É óbvio que o Sócrates platônico era uma pessoa ideal, portanto poética, que expressava os pensamentos platônicos; no Sócrates de Xenofonte, por outro lado, não encontramos muita sabedoria. Segundo Luciano (*Philopsendes*, 24), Sócrates teria tido uma barriga grande, o que não é uma das marcas do gênio. – No que diz respeito às elevadas capacidades intelectuais, pode-se levantar a mesma dúvida com relação a todos aqueles que não escreveram, portanto também a Pitágoras. Um grande espírito deve reconhecer gradualmente sua vocação e sua posição na humanidade e, consequentemente, conscientizar-se de que não pertence ao rebanho, mas aos pastores, ou seja, aos educadores do gênero humano: mas, a partir disso, ficará clara para ele a obrigação de não limitar sua influência imediata e garantida aos poucos que o acaso aproxima dele, mas de estendê-la à humanidade, para que possa alcançar, com isso, as exceções, os excelentes, portanto os raros. Mas o órgão pelo qual se fala à *humanidade* é apenas a escrita: oralmente, fala-se apenas a um número de indivíduos; logo, o que é dito dessa maneira, em relação ao gênero humano, permanece um assunto privado. Pois esses indivíduos geralmente são um solo ruim para a semente nobre, no qual ou ela não brota ou degenera rapidamente em seus produtos: a própria semente deve, assim, ser preservada. Essa preservação, por sua vez, não se faz pela tradição, que é falsificada a cada passo, mas somente pela escrita, que é o único mantenedor fiel dos pensamentos. Além disso, todo espírito de pensamento profundo tem necessariamente o impulso, para sua própria satisfação, de registrar seus pensamentos e levá-los à maior clareza e definição possível, portanto de incorporá-los em palavras. Isso, no entanto, é feito principalmente pela escrita, pois a exposição escrita é essencialmente diferente da exposição oral, somente esta última permitindo a mais alta precisão, concisão e brevidade, tornando-se, assim, o puro éctipo[32] do pensamento. De acordo com tudo isso, seria uma estranha presunção de um pensador querer deixar de lado a invenção mais importante do gênero humano. Por isso é difícil, para mim, acreditar no espírito verdadeiramente grandioso daqueles que não escreveram: em vez disso, estou inclinado a pensar neles como heróis principalmente práticos que agiram mais com seu caráter do que com sua cabeça. Os sublimes criadores dos *Upanixades* dos *Vedas* escreveram, mas o *Sanhita* dos *Vedas,* que consiste em meras orações, pode ter se propagado no início apenas oralmente.

Há muitas semelhanças entre Sócrates e Kant. Ambos rejeitam todo dogmatismo, ambos

---

32. Oposto de "arquétipo" [N.T.].

confessam uma completa ignorância em questões da metafísica, e sua peculiaridade está na clara consciência dessa ignorância. Ambos afirmam que o prático, aquilo que o ser humano deve fazer e deixar de fazer, é completamente certo, e isso por si só, sem fundamentação teórica adicional. O destino de ambos, no entanto, foi que seus sucessores imediatos e discípulos declarados deles se desviaram exatamente nesses fundamentos e, retrabalhando a metafísica, criaram sistemas completamente dogmáticos; além disso, esses sistemas eram muito diferentes, ainda que todos estivessem de acordo no que diz respeito à alegação de ter procedido dos ensinamentos de Sócrates e de Kant, respectivamente. – Como eu mesmo sou kantiano, indicarei minha relação com ele em uma palavra. Kant ensina que não podemos saber nada além da experiência e de sua possibilidade: admito isso, mas mantenho que a própria experiência, em sua totalidade, é passível de interpretação, e tentei fazê-la decifrando-a como se fosse um texto, e não como todos os filósofos anteriores que tentaram ir além da experiência por meio de suas meras formas, o que Kant acabara de comprovar ser inadmissível.

A vantagem do *método socrático*, conforme aprendemos com Platão, está em que os fundamentos para as proposições que se pretende provar são admitidos um a um pelo colocutor ou oponente, antes que ele tenha avaliado suas consequências; já que, por outro lado, em uma exposição didática, em discurso contínuo, ele teria a oportunidade de reconhecer as consequências e os fundamentos imediatamente como tais e, portanto, os atacaria caso não lhe agradasse. – Entrementes, uma das coisas que Platão nos faz acreditar é que, ao aplicar esse método, os sofistas e outros tolos teriam deixado Sócrates mostrar-lhes com toda serenidade que eles eram de fato tolos. Isso é inconcebível; antes, em algum momento no último quarto do caminho, ou em geral assim que percebessem para onde estavam indo, teriam arruinado o jogo artificial de Sócrates e rasgado sua rede por meio de digressões ou negando o que haviam dito antes; ou por meio de mal-entendidos deliberados e por quaisquer outros truques e artimanhas que a arrogante desonestidade instintivamente emprega; ou eles teriam se tornado tão rudes e insultantes que Sócrates teria achado prudente salvar sua pele em algumas ocasiões. Pois como seria possível que os sofistas também não conhecessem o meio pelo qual todos podem se colocar em pé de igualdade com todos e equilibrar instantaneamente até mesmo as maiores desigualdades intelectuais, qual seja, o insulto? A natureza inferior sente um apelo instintivo para insultar assim que começa a sentir a superioridade intelectual.

4
Platão

Já com Platão encontramos a origem de uma certa falsa dianoiologia, que é estabelecida com um propósito metafísico secreto, isto é, com o objetivo de uma psicologia racional e de uma doutrina da imortalidade dela dependente. Posteriormente, isso se mostrou uma doutrina da vida enganosa mais resistente, pois se manteve em toda a filosofia antiga, medieval e moderna, até que Kant, o "demole-tudo", finalmente a derrubou. A doutrina aqui referida é o racionalismo da teoria do conhecimento com uma finalidade metafísica. Ela se deixa resumir do seguinte modo. O cognoscente em nós é uma substância imaterial fundamentalmente diferente do corpo e é denominado alma: o corpo, por outro lado, é um obstáculo para o conhecimento. Portanto, todo conhecimento mediado pelos sentidos é enganoso: o único conhecimento verdadeiro, correto e seguro, por sua vez, é aquele que é livre e distante de toda sensibilidade (portanto de toda intuição); logo, é o *pensamento puro*, isto é, o pensamento que opera somente com conceitos abstratos. Por isso ele é realizado inteiramente pela *alma*, por seus próprios meios: consequentemente, isso ocorrerá melhor depois que ela se separar do corpo, ou seja, quando estivermos mortos. – Dessa forma, então, a dianoiologia está à mercê da psicologia racional, em prol da sua doutrina da imortalidade. Essa doutrina, tal como a resumi aqui, pode ser encontrada em detalhes e de forma clara no capítulo 10 de *Fédon*. A formulação é um pouco diferente no *Timeu*, com base no qual Sexto Empírico a apresenta de forma muito concisa e clara com as seguintes palavras: "uma opinião antiga é corrente entre os filósofos da natureza: que o semelhante é conhecido pelo semelhante". Logo em seguida: "Platão, porém, utiliza-se no *Timeu* do mesmo tipo de prova para demonstrar que a alma é incorpórea. Pois ele diz que se o sentido da visão apreende a luz é porque ele é semelhante à luz, e o sentido da audição é semelhante ao ar porque pode discernir a agitação do ar e ouvir o som; e o sentido do olfato, na medida em que percebe os vapores, é, em cada caso, semelhante ao vapor, e o sentido do paladar é semelhante ao líquido, porque saboreia os sucos; então a alma de modo necessário tem de ser um ente incorporal porque ela conhece as ideias incorpóreas, por exemplo as que estão nos números e nos limites dos corpos (isto é, a matemática pura)" (*Adversos mathematicos* 7, 116 et 119)[33].

---

33. Παλαιά τις παρὰ τοῖς φυσικοῖς κυλίεται δόξα περὶ τοῦ τὰ ὅμοια τῶν ὁμοίων εἶναι γνωριστικά. Μοχ: Πλάτων δέ, ἐν τῷ Τιμαίῳ, πρὸς παράστασιν τοῦ ἀσώματον εἶναι τὴν ψυχήν, τῷ αὐτῷ γένει τῆς ἀποδείξεως κέχρηται. Εἰ γὰρ ἡ μὲν ὅρασις, φησί, φωτὸς ἀντιλαμβανομένη, εὐθύς ἐστι φωτοειδής, ἡ δὲ ἀκοὴ ἀέρα πεπληγμένον κρίνουσα, ὅπερ ἐστὶ τὴν φωνήν, εὐθὺς ἀεροειδὴς θεωρεῖται, ἡ δὲ ὄσφρησις ἀτμοὺς γνωρίζουσα πάντως ἐστὶ ἀτμοειδής, καὶ ἡ γεῦσις, χυλούς, χυλοειδής· κατ᾽ ἀνάγκην καὶ ἡ ψυχὴ τὰς

Mesmo Aristóteles, ao menos hipoteticamente, aceita esse argumento, já que ele diz no primeiro livro de *De Anima* (c. 1) que a existência separada da alma dependeria de alguma manifestação desta da qual o corpo não participasse: tal manifestação parece ser sobretudo o pensamento. Mas se nem mesmo *isso* for possível sem intuição e fantasia, então também não pode ocorrer sem o corpo[34]. Mas, precisamente a condição acima, portanto a premissa do argumento, não é aceita por Aristóteles, porquanto ele ensine aquilo que foi posteriormente formulado na sentença "nada está no intelecto que não tenha estado primeiramente nos sentidos"[35]: veja-se, a esse respeito, *De Anima* III, 8. Ele já havia percebido que tudo o que é pura e abstratamente pensado toma emprestado todo o seu material e seu conteúdo daquilo que é intuído. Isso também preocupava os escolásticos. Por esse motivo, já na Idade Média tentou-se mostrar que havia um conhecimento puro da razão, ou seja, pensamentos que não se referiam a imagens, portanto um pensamento que retirava todo o material de si próprio. Os esforços e

---

ἀσωμάτους ἰδέας λαμβάνουσα, καθάπερ τὰς ἐν τοῖς ἀριθμοῖς καὶ τὰς ἐν τοῖς πέρασι τῶν σωμάτων γίνεταί τις ἀσώματος (adv. Math. VII, 116 et 119) (*Vetus quaedam, a physicis usque probata, versatur opinio, quod similia similibus cognoscantur. — Mox: Plato, in Timaeo, ad probandum, animam esse incorpoream, usus est eodem genere demonstrationis: nam si visio, inquit, apprehendenslucem statim est luminosa, auditus autem aerem percussum judicans, nempe vocem, protinus cernitur ad aeris accedens speciem, odoratus autem cognoscens vapores, est omnino vaporis aliquam habens formam, et gustus, qui humores, humoris habens speciem; necessario et anima, ideas suscipiens incorporeas, ut quae sunt in numeris et in finibus corporum, est incorporea*).

34. εἰ δ᾽ ἐστὶ καὶ τὸ νοεῖν φαντασία τις, ἢ μὴ ἄνευ φαντασίας, οὐκ ἐνδέχοι ἂν οὐδὲ τοῦτο ἄνευ σώματος εἶναι.

35. *Nihil est in intellectu, quod non prius fuerit in sensibus.*

a controvérsia sobre esse ponto encontram-se compilados em Pomponácio, *De immortalitate animi*, sendo daí que ele retira seu principal argumento. – Os *universais*[36] e o conhecimento *a priori*, concebidos como *verdades eternas*[37], devem agora servir para satisfazer a referida exigência. A maneira pela qual essa questão foi então desenvolvida por *Descartes* e sua escola já foi explicada na nota detalhada anexada ao §6 do meu ensaio premiado *Sobre o fundamento da moral*, no qual também incluí as próprias palavras do cartesiano *de la Forge*, que valem a pena serem lidas. Pois são justamente os falsos ensinamentos dos filósofos que, via de regra, são expressos com mais clareza por seus discípulos; porque eles não se esforçam, como o próprio mestre, para manter o mais obscuro possível os aspectos de seu sistema que poderiam revelar sua fraqueza, uma vez que ainda não suspeitam disso. Já Espinosa se opôs a todo dualismo cartesiano com sua doutrina de que "substância pensante e substância extensa são uma e a mesma substância, compreendida ora sob este, ora sob aquele atributo"[38], e assim mostrou sua grande superioridade. Leibniz, por outro lado, permaneceu bem-comportado no caminho de Descartes e da ortodoxia. Essa, no entanto, foi a razão do esforço extremamente salutar do excelente Locke, que finalmente pressionou por uma investigação da origem dos conceitos e fez

---

36. *Universalia.*

37. *Aeternae veritates.*

38. *Substantia cogitans et substantia extensa uma eademque est substantia, quae jam sub hoc, jam sub illo atributo comprehenditur.*

da proposição de que *não existem ideias inatas*[39], depois de tê-la exposto em detalhes, o fundamento de sua filosofia. Os franceses, para os quais a filosofia de Locke foi elaborada por *Condillac*, foram longe demais, embora pela mesma razão, estabelecendo o princípio *pensar é sentir*[40] e insistindo nele. Tomado puro e simplesmente, esse princípio é falso; no entanto, a verdade está em que todo pensamento pressupõe, em parte, a sensação, que, como um ingrediente da intuição, fornece-lhe seu material, e em parte é ele próprio condicionado por órgãos corporais, assim como a sensação; a sensação é condicionada pelos nervos sensoriais, e a verdade o é pelo cérebro, sendo ambas atividades dos nervos. No entanto, a escola francesa não se manteve nesse princípio como fim em si mesmo, mas com um propósito metafísico, nomeadamente materialista; assim como os oponentes platônicos-cartesianos-leibnizianos sustentaram o falso princípio de que o único conhecimento correto das coisas consistia no pensamento puro em função de sua finalidade metafísica, visando provar a partir dele a imaterialidade da alma. – Somente Kant conduz à verdade em meio a esses dois caminhos errôneos, e o conduz a partir de uma disputa na qual ambas as partes não procedem de modo honesto, uma vez que se direcionam à metafísica sob o pretexto de fazerem dianoiologia, falsificando, com isso, a dianoiologia. Kant afirma: de fato, existe o conhecimento puro da razão, isto é, o conhecimento *a priori*, que é anterior a toda experiência, consequentemente

---

39. Innate ideas.

40. Penser est sentir.

também um pensamento que não deve seu material a nenhum conhecimento mediado pelos sentidos: mas esse mesmo conhecimento *a priori*, embora não seja extraído *da* experiência, tem valor e validade apenas *com vistas à* experiência: pois ele nada mais é do que a realização de nosso próprio aparato cognoscente e seu equipamento (função cerebral), ou, como diz Kant, a *forma* da própria consciência cognoscente, que recebe sua *matéria* sobretudo pelo conhecimento empírico adicional que é mediado pela percepção sensível, sendo vazio e inútil sem este. É por isso que sua filosofia é chamada de *crítica da razão pura*. Com isso, toda a psicologia metafísica cai por terra e, com ela, toda a atividade da alma pura de Platão. Pois vemos que o conhecimento sem a intuição que é mediada pelo corpo não tem matéria e, consequentemente, que o conhecimento, como tal, sem a pré-condição do corpo, não passa de uma forma vazia; sem mencionar que todo pensamento é uma função fisiológica do cérebro, assim como a digestão é uma função do estômago.

Se, portanto, a instrução de Platão de separar o conhecimento e de mantê-lo purificado de toda comunhão com o corpo, com os sentidos e com a intuição se mostra inoportuna, equivocada e até mesmo impossível, então podemos considerar minha doutrina como sua análoga corrigida, segundo a qual apenas o conhecimento que é mantido purificado de toda comunhão com a *vontade*, ainda que permaneça intuitivo, atinge a mais alta objetividade e, portanto, a perfeição; – a isso me refiro no terceiro livro da minha obra principal.

5
Aristóteles

A característica básica de Aristóteles é a maior perspicácia, combinada com prudência, poderes de observação, versatilidade e falta de profundidade. Sua visão de mundo é superficial, mesmo que seja astutamente trabalhada. A profundidade encontra seu material em nós mesmos; a perspicácia precisa recebê-lo a partir de fora para ter dados. Naquela época, entretanto, os dados empíricos eram em parte ruins e em parte até errados. Portanto, o estudo de Aristóteles não é muito gratificante nos tempos atuais, enquanto o de Platão continua a sê-lo no mais alto grau. A falta de profundidade de Aristóteles é obviamente mais visível na metafísica, em que a mera perspicácia não é suficiente como o é em outros lugares; de modo que ele é menos satisfatório nesse aspecto. Sua *Metafísica* é, em grande parte, uma discussão para cá e para lá sobre os filosofemas de seus predecessores, que ele critica e refuta a partir de seu ponto de vista, principalmente se referindo a declarações isoladas feitas por eles, sem entrar de fato em seu significado, e sim como alguém que quebra as janelas pelo lado de fora. Ele propõe poucos dogmas próprios, ou nenhum, pelo menos não de modo coerente. Que devamos grande parte do nosso conhecimento sobre os filosofemas mais antigos às suas polêmicas é um mérito acidental. Ele é mais hostil a Platão exatamente quando este está tão completamente com a razão. As *ideias* de Platão continuam voltando à sua boca como algo que ele não consegue digerir: ele está determinado a não admitir sua validade. – A perspicácia é suficiente nas ciências empíricas: portanto, Aristóteles tem uma direção predominantemente empírica. Mas como o empirismo fez tanto progresso desde aquela época de modo a se relacionar com seu estado anterior como a idade viril se relaciona com a infância, as ciências empíricas atuais não podem ser promovidas diretamente pelo estudo de sua filosofia, mas indiretamente pelo método e pelo pensamento científico autêntico que o caracteriza e que foram trazidos ao mundo por ele. Na Zoologia, no entanto, ele ainda é, pelo menos em alguns tópicos particulares, diretamente útil. Mas, em geral, sua direção empírica lhe dá a tendência de sempre se estender mais; como resultado, ele se afasta muito facilmente e com muita frequência da sua linha de pensamento, de modo que é quase incapaz de seguir qualquer linha de pensamento por muito tempo até o fim. Mas é exatamente nisso que consiste o pensamento profundo. Por outro lado, ele levanta problemas por toda parte, mas apenas os aborda e, sem resolvê-los ou mesmo discuti-los a fundo, passa imediatamente para outra coisa. Por isso, seu leitor muitas vezes pensa que *agora* algo virá, mas nada vem; e, por isso, quando ele sugere um problema e o persegue por um curto período, a verdade muitas vezes parece pairar em sua língua, mas de repente ele está em outra coisa e nos deixa na dúvida. Não consegue se apegar a nada, mas pula daquilo que estava tratando para outra coisa que lhe ocorre, assim como uma criança larga um brinquedo para pegar outro que acabou de ver. Esse é o lado fraco de seu espírito: é a vivacidade da superficialidade. Isso explica por que, embora Aristóteles tenha sido um pensador altamente sistemático, uma vez que a separação e a classificação das ciências se originaram nele, sua exposição, no entanto, carece de uma ordem sistemática e nós perdemos o progresso metódico, ou seja, a separação do dessemelhante e a conjunção do semelhante. Ele age conforme as coisas lhe ocorrem, sem ter antes pensado nelas e sem ter elaborado um esquema claro: ele pensa com a pena na mão, o que é um grande alívio para o escritor, mas um grande motivo de queixa para o leitor. Donde a falta de planejamento e a insuficiência de sua exposição; donde o fato de ele voltar ao mesmo tema centenas de vezes, porque algo diferente lhe ocorre no meio do caminho; por isso ele não pode permanecer em um assunto, mas salta de um ao outro; por isso, como descrito acima, ele ludibria seu leitor ávido pela solução dos problemas sugeridos; depois de dedicar várias páginas a um tema, ele repentinamente começa a investigá-lo novamente, afirmando "tomemos, então, outro ponto de partida para nossa reflexão"[41], e isso seis vezes em um mesmo escrito; por isso

---

41. λάβωμεν οὖν ἄλλην ἀρχὴν τῆς σκέψεως.

a frase "como sustentar uma tal promessa?"[42] se encaixa tão bem em tantos exórdios de seus livros e capítulos; pois, numa palavra, ele é muitas vezes confuso e insuficiente. Excepcionalmente, é claro, ele se comportou de modo diferente; por exemplo, os três livros de *Retórica* são um modelo de método científico, mostrando, com efeito, uma simetria arquitetônica que pode ter servido de modelo para Kant.

A antítese radical de Aristóteles, tanto no modo de pensar quanto na exposição, é Platão. Este último se agarra ao seu pensamento principal como se possuísse uma mão de ferro, segue seu fio, por mais fino que seja, em todas as suas ramificações, através dos labirintos dos mais longos diálogos, e o encontra novamente depois de todos os episódios. Pode-se ver que ele havia pensado cuidadosa e completamente no tema antes de começar a escrever e havia planejado uma ordenação artística para sua exposição. Por isso, cada diálogo é uma obra de arte planejada, nos quais todas as partes possuem uma conexão bem calculada, conexão esta muitas vezes deliberadamente oculta por um tempo, e cujos episódios frequentes levam de volta, por conta própria e muitas vezes inesperadamente, ao pensamento principal que agora é por eles iluminado. Platão sempre soube, no sentido pleno da palavra, o que queria e pretendia, mesmo que não conduzisse os problemas a uma solução decisiva, mas se contentasse antes com uma discussão minuciosa. Não deveríamos nos

---

42. Quid feret hic tanto dignum promissor hiatu.

surpreender, portanto, se, como indicam alguns relatos, especialmente em Eliano (*Var. hist.* III, 19. IV, 9 etc.), houvesse uma desarmonia pessoal significativa entre Platão e Aristóteles, bem como é possível que Platão tenha falado aqui e ali de forma um tanto depreciativa de Aristóteles, cujos rodeios, divagações e digressões, característicos de sua polimatia, eram bastante antipáticos a Platão. O poema de Schiller *Breite und Tiefe* [*Amplo e profundo*] também pode ser aplicado à oposição entre Aristóteles e Platão.

Apesar dessa tendência empírica do pensamento, Aristóteles não era um empirista consistente e metódico; por isso, teve que ser derrubado e expulso pelo verdadeiro pai do empirismo, Bacon de Verulam. Quem realmente quiser entender em que sentido e por que Bacon é o oponente que superou Aristóteles e seu método, deve ler os livros de Aristóteles *De generatione et corruptione.* Lá se encontram os raciocínios *a priori* sobre a natureza, que buscam entender e explicar seus processos a partir de meros conceitos: um exemplo particularmente gritante é dado em L. II. c. 4, em que uma Química é construída *a priori.* Bacon, por outro lado, advertiu que a fonte para o conhecimento da natureza deveria ser não o abstrato, mas o intuitivo, a experiência. O brilhante sucesso disso é o atual estado elevado das ciências naturais, de onde olhamos para esses tormentos aristotélicos com um sorriso de piedade. A esse respeito, é digno de nota que os livros de Aristóteles recém-mencionados revelam claramente a origem da Escolástica; na verdade, o método ardiloso e verborrágico da Escolástica já pode ser encontrado neles. – Para esta finalidade, o livro *De caelo* é muito útil e, portanto, vale a pena lê-lo. Os primeiros capítulos são um verdadeiro modelo do método de tentar reconhecer e determinar a essência da natureza a partir de meros conceitos, e o fracasso é aqui evidente. O capítulo 8 nos prova, a partir de meros conceitos e *locis communibus* [lugares-comuns], que não existem vários mundos, e o capítulo 12 especula da mesma forma sobre o curso das estrelas. Trata-se de um raciocínio consistente a partir de conceitos falsos, uma dialética da natureza bastante singular, que se compromete a decidir *a priori* a partir de certos princípios universais, que supostamente expressam o que é racional e adequado e como a natureza deve ser e proceder. Quando vemos uma inteligência tão grande, até mesmo estupenda, como a de Aristóteles tão profundamente enredada em erros desse tipo, que ainda eram tidos por ideias válidas até algumas centenas de anos, fica claro para nós sobretudo o quanto a humanidade deve a Copérnico, Kepler, Galileu, Bacon, Robert Hook e Newton. Nos capítulos 7 e 8 do segundo livro, Aristóteles nos apresenta toda a sua absurda organização dos céus: as estrelas estão presas firmemente na esfera oca em rotação, o sol e os planetas em uma esfera similar mais próxima; o atrito durante a rotação causa luz e calor; a Terra fica explicitamente parada. Poderíamos deixar passar tudo isso se nada melhor tivesse aparecido antes: mas quando ele mesmo nos apresenta, no capítulo 13, as visões bastante corretas dos pitagóricos sobre a forma, a posição e o movimento da Terra, para então rejeitá-las, então inevitavelmente ficamos indignados. A indignação aumenta quando vemos, em suas frequentes polêmicas contra Empédocles, Heráclito e Demócrito, que todos eles tinham percepções muito mais corretas da natureza e também levavam melhor em conta a experiência do que esse tagarela superficial que temos diante de nós. Empédocles já havia até mesmo ensinado sobre uma força tangencial decorrente da rotação e que age em sentido oposto à gravidade (II, 1 e 13, sobre isso os escólios, p. 491). Longe de ser capaz de apreciar essas coisas adequadamente, Aristóteles não aceita nem mesmo uma vez as visões corretas dos antigos sobre o verdadeiro significado de "em cima" e "embaixo", concordando, ao contrário, com a opinião do vulgo, que segue as aparências superficiais (IV, 2). Agora, no entanto, é preciso considerar que essas suas opiniões encontraram reconhecimento e se espalharam, substituindo tudo o que veio antes e que era melhor e, com isso, tornaram-se posteriormente a base de Hiparco e, subsequentemente, do sistema cosmológico de Ptolomeu, com o qual a humanidade teve que se arrastar até o início do século XVI, embora com grande vantagem para as doutrinas religiosas judaico-cristãs, que são basicamente incompatíveis com o sistema cosmológico copernicano; pois como pode haver um Deus no Céu se não há Céu? O *teísmo* sério pressupõe necessariamente que o mundo é dividido em *Céu* e *Terra*: na *Terra*, as pessoas andam de um lado para o outro; no *Céu*, está sentado o

Deus que as governa. Ora, se a astronomia retira o Céu, ela *também retira* Deus, pois amplia o mundo de tal forma que não sobra espaço para Deus. Mas um ser pessoal, como todo Deus inevitavelmente o é, que não teria um *lugar*, mas estaria antes em toda parte e em parte alguma, pode tão somente ser dito, mas não imaginado e, portanto, não acreditado. Consequentemente, na medida em que a astronomia física é popularizada, o teísmo deve desaparecer, independentemente do quão firmemente ele foi impresso nas pessoas pela pregação incessante e solene. A Igreja Católica imediatamente e corretamente reconheceu isso e, por consequência, adotou o sistema copernicano; portanto, é uma tolice ficar tão espantado com a opressão de Galileu e provocar tanto clamor por causa dela, pois *toda natureza quer conservar a si mesma*[43]. Quem sabe se algum reconhecimento tácito, ou pelo menos um pressentimento da congenialidade de Aristóteles com a doutrina da Igreja, e do perigo por ele afastado, não contribuiu para sua veneração excessiva na Idade Média? Quem sabe se alguns, inspirados pelos relatos de Aristóteles sobre os sistemas astronômicos antigos, não perceberam, em silêncio, muito antes de Copérnico, as verdades que este último, após muitos anos de hesitação e prestes a deixar o mundo, finalmente ousou proclamar?

---

43. *Omnis natura vult esse conservatrix sui.*

6
Estoicos

Um conceito muito belo e profundo entre os estoicos é o de *razão seminal*[44], embora fosse desejável que tivéssemos relatos mais detalhados sobre ele do que os que recebemos (Diog. Laert. VII, 136. – Plut. *de plac. phil.* I, 7. – Stob. ecl. I, p. 372). Mas uma coisa é clara: por tal conceito se entende aquilo que afirma e preserva a forma idêntica nos indivíduos sucessivos de uma espécie, passando de um para o outro; trata-se, portanto, por assim dizer, do conceito da espécie incorporado na semente. Assim, a *razão seminal* é o indestrutível no indivíduo, é aquilo pelo qual ele é uno com a espécie, a representa e a preserva. É isso que faz com que a morte, que destrói o indivíduo, não afete a espécie, em virtude da qual o indivíduo está sempre novamente presente, apesar da morte. Assim poderíamos traduzir *razão seminal* como a fórmula mágica que, a qualquer momento, invoca essa forma à aparição. – Bastante relacionado a isso está o conceito de *forma substancial*[45] dos escolásticos, pelo qual se concebe o princípio interno do complexo de todas as propriedades de cada

---

44. λόγος σπερματικό.

45. *Forma substantialis.*

ser natural: seu oposto é a *materia prima*, a matéria pura, sem qualquer forma ou qualidade. A alma do ser humano é precisamente sua *forma substancial*. O que distingue os dois conceitos é que a *razão seminal* pertence apenas aos seres vivos e reprodutores, mas a *forma substancial* pertence também aos seres inorgânicos; de modo semelhante, a *forma substancial* tem em vista sobretudo o indivíduo, e a *razão seminal*, a espécie: entretanto, ambos estão claramente relacionados à Ideia platônica. Esclarecimentos sobre a *forma substancial* podem ser encontrados em Escoto Erigena, *De divis. nat.* Lib. III, p. 139 da edição de Oxford; em Giordano Bruno, *della causa*, dial. 3 p. 252ss., e detalhadamente em *Disputationibus metaphysicis* de Suarez (Disp. 15, seção 1), esse autêntico compêndio de toda a sabedoria escolástica, no qual se deve buscar seu conhecimento, e não na ampla tagarelice dos professores de filosofia alemães desprovidos de espírito, essa quintessência de toda insipidez e do tédio.

Uma das principais fontes de nosso conhecimento sobre a ética estoica é a exposição muito detalhada preservada por Estobeu (*Ecl. eth.*, L. II, c. 7), na qual acreditamos possuir os trechos literais de Zenão e Crisipo. Se esse for o caso, então ela não nos proporciona uma opinião elevada sobre o espírito desses filósofos: pelo contrário, trata-se de uma discussão pedante sobre a moral estoica, uma discussão escolar, excessivamente ampla, inacreditavelmente monótona, superficial e desprovida de espírito, sem força e sem vida, sem pensamentos valiosos, pertinentes ou refinados. Tudo ali é derivado de meros conceitos, nada é extraído da realidade e da experiência. A humanidade é dividida em σπουδαῖοι e φαῦλοι, os virtuosos e os viciosos, aos virtuosos sendo atribuído todo o bem, aos viciosos, todo o mal, tudo ficando, dessa forma, preto e branco, como um abrigo para postos de guarda militar prussiano. Assim, esses exercícios escolares triviais não se comparam aos escritos tão enérgicos, espirituosos e criteriosos de Sêneca.

As dissertações de Arriano sobre a filosofia de Epiteto, escrita cerca de 400 anos após a origem da *Stoa*, não nos fornece nenhum esclarecimento fundamental sobre o verdadeiro espírito e os princípios autênticos da moral estoica: na verdade, este livro é insatisfatório em sua forma e conteúdo. Em primeiro lugar, no que diz respeito à forma, ele carece de qualquer vestígio de método, de um tratamento sistemático, ou mesmo de uma progressão regular. Em capítulos que se sucedem sem ordem e sem nexo, é repetido incessantemente que devemos considerar como nada tudo aquilo que não seja uma expressão da nossa vontade e que devemos, portanto, ser completamente indiferentes a tudo aquilo que, de uma forma ou de outra, move as pessoas: isso é a *ataraxia*[46] estoica. Ou seja, o que não *depende de nós*[47] também não *nos diz respeito*[48]. Esse paradoxo colossal, no entanto, não é derivado de nenhum princípio, e essa disposição de espírito extremamente peculiar é exigida de nós sem que nenhuma razão nos seja dada. Em

---

46. ἀταραξία.

47. ἐφ᾽ ἡμῖν.

48. πρός ἡμᾶς.

vez disso, encontramos declamações intermináveis em expressões e frases incansavelmente recorrentes. Os corolários dessas máximas caprichosas são expostos da maneira mais detalhada e vívida, e é então descrito de várias maneiras como o estoico não dá importância a nada no mundo. Nesse ínterim, qualquer um que manifeste uma opinião diferente é constantemente insultado como escravo e tolo. Em vão esperamos, porém, pela indicação de alguma razão clara e convincente para a adoção desse estranho modo de pensar; como tal, isso teria muito mais efeito do que cada uma das declamações e insultos de todo o volumoso livro. Mas este livro, com suas descrições hiperbólicas da equanimidade estoica, com seus louvores incansavelmente repetidos aos santos padroeiros Cleantes, Crisipo, Zenão, Creates, Diógenes e Sócrates, bem como suas invectivas contra todos aqueles que pensam de forma diferente, é um verdadeiro sermão capuchinho. Obviamente, esse sermão é condizente com a falta de objetivo e o caráter errático de toda a exposição. O que o título de um capítulo indica é apenas o objeto do início desse capítulo: na primeira oportunidade ocorre uma digressão e, de acordo com o *nexus idearum*, pulamos de um tema para outro. Isso basta no que diz respeito à *forma*.

No que diz respeito ao *conteúdo*, ele não é de modo algum autêntico e puramente estoico, ainda que se leve em conta que o fundamento é completamente inexistente; ao contrário, tem uma forte mistura de elementos alheios, que cheira a uma fonte judaico-cristã. A prova mais inegável disso é o teísmo, que se encontra por todos os lados e é também o portador da moral: o cínico e o estoico agem aqui em nome de Deus, cuja vontade é seu guia, são devotos dele, esperam por ele e assim por diante. Para a Stoa genuína e originária, tal coisa é completamente estranha: nela, Deus e o mundo são um só, e não se tem conhecimento de um Deus semelhante a uma pessoa que pensa, que quer, que ordena e é que providente. No entanto, não apenas em Arriano, mas na maioria dos escritos filosóficos pagãos dos primeiros séculos cristãos, vemos transparecer o teísmo judaico, que logo depois, como cristianismo, tornar-se-ia a fé popular, do mesmo modo hoje nos escritos de estudiosos transparece o panteísmo originário da Índia, que também está destinado a se converter na fé popular somente mais tarde. *A luz vem do oriente*[49].

Pelo motivo exposto, a moral apresentada aqui também não é puramente estoica: até mesmo alguns de seus preceitos não são compatíveis uns com os outros; portanto, é claro que nenhum princípio fundamental comum poderia ter sido estabelecido para ela. Da mesma forma, o cinismo também é completamente falsificado pelo ensinamento de que o cínico deve existir principalmente em função dos outros, de modo que os influencie pelo seu próprio exemplo, como um mensageiro de Deus, e para guiá-los interferindo em suas questões. Por isso, diz-se: *em uma cidade de sábios, nenhum cínico seria necessário*; da mesma forma, diz-se que

---

49. Ex oriente lux.

ele deve ser saudável, forte e limpo, para não repelir as pessoas. Como isso está longe da autossatisfação dos antigos e autênticos cínicos! Certamente Diógenes e Crates foram amigos e conselheiros de muitas famílias: mas isso era secundário e acidental, e de forma alguma o objetivo do cinismo.

Assim, Arriano passou completamente ao largo das verdadeiras ideias fundamentais do cinismo, assim como das da ética estoica: ele nem mesmo parece ter sentido a necessidade de usá-las. Ele prega a autorrenúncia precisamente porque isso lhe agrada, e isso lhe agrada talvez apenas porque seja difícil e contrário à natureza humana, enquanto a pregação é fácil. Ele não buscou as razões para a autorrenúncia: por isso, logo acreditamos ouvir ora um asceta cristão, ora novamente um estoico. Pois as máximas de ambos geralmente coincidem, mas os princípios em que se baseiam são bastante diferentes. A esse respeito, conferir minha obra principal, vol. 1, §16, e vol. 2, cap. 16 – em que, e provavelmente pela primeira vez, o verdadeiro espírito do cinismo e da Stoa é completamente exposto.

A inconsequência de Arriano chega a ser ridícula quando ele, ao descrever inúmeras vezes o estoico perfeito, também diz todas as vezes: *ele não repreende ninguém, não reclama nem dos deuses nem dos seres humanos, não censura ninguém* – mas todo o seu livro é escrito, em sua maior parte, em um tom de repreensão, que muitas vezes se transforma em insulto.

Em tudo isso, ocasionalmente encontramos pensamentos estoicos genuínos no livro, que Arriano, ou Epiteto, extraiu dos antigos estoicos: e, assim, o cinismo é retratado de forma adequada e vívida em alguns de seus traços individuais. Há também muito senso comum em alguns pontos, bem como descrições adequadas da humanidade e seus atos, retiradas da vida. O estilo é leve e fluido, mas muito amplo.

Não acredito que o *Encheridion* de Epiteto também tenha sido escrito por Arriano, como F. A. Wolf nos garantiu em suas preleções. Ele tem muito mais espírito em menos palavras do que as *Dissertações*, tem bom senso em todo o texto, sem declarações vazias, sem ostentação, é conciso e preciso, e foi escrito no tom de um amigo conselheiro bem-intencionado; as *Dissertações*, por sua vez, falam, em sua maioria, em um tom de repreensão e censura. O conteúdo de ambos os livros é, em geral, igual; apenas que o *Encheridion* tem muito pouco do teísmo das *Dissertações*. – Talvez o *Encheiridion* tenha sido o próprio compêndio de Epiteto, que ele ditou a seus ouvintes; enquanto as *Dissertações* eram o caderno de anotações de Arriano na forma de comentários aos discursos livres de Epiteto.

7
Neoplatônicos

A leitura dos *neoplatônicos* requer muita paciência, porque todos eles carecem de forma e exposição. Nesse aspecto, porém, Porfírio é, de longe, melhor do que os outros: ele é o único que escreve de forma clara e coerente, de modo que se pode lê-lo sem relutância.

Por outro lado, o pior é Jâmblico em seu livro *De mysteriis Aegyptiorum* [*Sobre os mistérios dos egípcios*]: ele é cheio de superstição crassa e demonologia desajeitada, além de ser obstinado. É verdade que ele tem outra visão, por assim dizer esotérica, da magia e da teurgia, mas suas explicações sobre elas são apenas superficiais e insignificantes. No geral, ele é um escritor ruim e desagradável: limitado, extravagante, grosseiramente supersticioso, confuso e pouco claro. Pode-se ver claramente que o que ele ensina não surgiu de forma alguma de seu próprio pensamento; em vez disso, são dogmas alheios, muitas vezes compreendidos apenas pela metade, mas ainda mais teimosamente afirmados: por isso ele também está cheio de contradições. Agora, porém, querem negar que o livro mencionado é da autoria de Jâmblico, e eu tendo a concordar com essa opinião quando leio os longos trechos de suas obras perdidas, que nos foi preservada por Estobeu, pois são incomparavelmente melhores do que esse livro *De mysteriis* e até contêm ótimos pensamentos da escola neoplatônica.

Proclo, por outro lado, é um tagarela superficial, prolixo e insípido. Seu comentário sobre *Alcibíades* de Platão, um dos piores diálogos de Platão, que pode inclusive ser inautêntico, é a verborragia mais difusa e prolixa do mundo. Cada palavra de Platão, mesmo a mais insignificante, é incessantemente comentada e um significado profundo é nela buscado. O que Platão disse mítica e alegoricamente é tomado em um sentido próprio e estritamente dogmático, e tudo é distorcido em superstição e teosofia. No entanto, não se pode negar que há alguns pensamentos muito bons na primeira metade desse comentário, que, no entanto, devem pertencer mais à Escola do que a Proclo. Uma frase extremamente importante conclui o *fasciculum primum partis primae*: "os desejos das almas (antes do nascimento) têm maior influência sobre o curso de vida escolhido, e não nos assemelhamos a algo produzido de fora, mas trazemos dentro de nós mesmos as escolhas segundo as quais levamos nossas vidas"[50]. Isso tem suas raízes em Platão, é claro, mas também se aproxima da doutrina de Kant sobre o caráter inteligível e é muito superior às doutrinas simplórias e limitadas da liberdade da

---

50. αἱ τῶν ψυχῶν ἐφέσεις τὰ μέγιστα συντελοῦσι πρὸς τοὺς βίους, καὶ οὐ πλαττομένοις ἔξωθεν ἐοίκαμεν, ἀλλ' ἐφ' ἑαυτῶν προβάλλομεν τὰς αἱρέσεις, κα ἃς διαζῶμεν (animorum appetitus [ante hanc vitam concepti] plurimam vim habent in vitas eligendas, nec extrinsecus fictis similes sumus, sed nostra sponte facimus electiones, secundum quas deinde vitas transigimus).

vontade individual que pode agir de forma diferente em cada caso, com as quais nossos professores
de filosofia, sempre tendo o catecismo em mente,
se arrastam até hoje. Agostinho e Lutero, por sua
vez, valeram-se da predestinação. Isso bastava para
aqueles tempos piedosos, quando ainda se estava
pronto para, em nome de Deus, ir até o Diabo, se
isso agradasse a Deus: mas, em nossa época, a pro-
teção só pode ser encontrada na asseidade da vontade, e é preciso reconhecer que, como diz Proclo,
não nos assemelhamos a algo produzido de fora[51].

Plotino, finalmente, o mais importante de todos, é ele próprio muito variável, e cada uma das
Enéadas são bem diferentes quanto ao valor e conteúdo: a quarta é excelente. No entanto, sua apresentação e seu estilo também são, em sua maioria,
ruins: seus pensamentos não são ordenados, não
são previamente trabalhados; em vez disso, ele simplesmente escrevia à medida que os pensamentos
lhe apareciam. Porfírio, em sua biografia, relata o
modo negligente e descuidado como ele trabalha-
va. Por isso, sua prolixidade e confusão amplas e
entediantes muitas vezes esgotam toda a paciência,
de modo que nos perguntamos como esse emaranhado caótico pode ter chegado à posteridade. Na
maior parte do tempo, ele tem o estilo de um pre-
gador e, assim como este último banaliza o Evangelho, ele também trivializa os ensinamentos platônicos, reduzindo o que Platão disse de forma mítica
ou meio metafórica a uma seriedade explicitamente prosaica, e mastiga por horas o mesmo pensamento sem acrescentar nada por seus próprios

---

51. οὐ πλαττομένοις ἔξωθεν ἐοίκαμεν.

meios. Ao fazer isso, ele procede de forma reveladora, não demonstrativa, falando assim *ex tripode* o tempo todo, contando as coisas como ele as pensa, sem se envolver em nenhuma fundamentação. E, no entanto, há verdades grandes, importantes e profundas a serem encontradas aí, que ele mesmo compreendeu, pois ele não é, de forma alguma, desprovido de discernimento; logo, merece ser lido com atenção, e a paciência necessária para isso é amplamente recompensada.

Encontro a explicação para essas características contraditórias de Plotino no fato de que ele e os neoplatônicos em geral não são filósofos de fato, não são pensadores por si próprios; o que eles apresentam é uma doutrina alheia que lhes foi transmitida, mas que eles, em geral, digeriram e assimilaram bem. Pois é a sabedoria indo-egípcia que eles queriam incorporar à filosofia grega, e, como um elo de ligação adequado, ou meio de transição, ou *menstruum*, queriam usar a filosofia platônica, especialmente sua parte que se estende ao místico. A partir dessa origem indiana dos dogmas neoplatônicos, mediada pelo Egito, testemunha-se, antes de tudo e inegavelmente, toda a doutrina do Uno de Plotino, como a encontramos excelentemente apresentada na quarta Enéada. O primeiro capítulo do seu primeiro livro, *sobre a essência da alma*[52], apresenta, com grande brevidade, a doutrina básica de toda a sua filosofia, de uma alma[53] que é originalmente Una e que só é

---

52. περὶ οὐσίας ψυχῆς.

53. ψυχή.

fragmentada invariavelmente por meio do mundo corpóreo. Particularmente interessante é o oitavo livro dessa Enéada, que mostra como a alma chegou a esse estado de multiplicidade através de um esforço pecaminoso: ela, portanto, carrega uma dupla culpa, em primeiro lugar a de sua descida a este mundo, e segundo, a de seus atos pecaminosos neste mesmo mundo: a primeira culpa, ela expia pela existência temporal em geral; a segunda, que é a menor, expia pela transmigração das almas (c. 5). Obviamente, trata-se da mesma ideia do pecado original cristão e do pecado particular. Mas vale sobretudo a pena ler o nono livro, em cujo capítulo 3, "Se todas as almas são uma"[54], explica-se, entre outras coisas, as maravilhas do magnetismo animal a partir da unidade daquele mundo das almas, especialmente o fenômeno, que observamos ainda hoje, de que o sonâmbulo ouve uma palavra falada suavemente a uma grande distância – o que, é claro, deve ser mediado por uma cadeia de pessoas que estão em contato com ele. – Também em Plotino, provavelmente pela primeira vez na filosofia ocidental, aparece o *idealismo* que há muito tempo era comum no Oriente, já que é ensinado (*En.* III, 1.7, c. 10) que a alma fez o mundo à medida que aparece no tempo a partir da eternidade; com a explicação: *pois não há outro lugar para o universo a não ser a alma*[55], e mesmo a idealidade do tempo é expressa

---

54. εἰ πᾶσαι αἱ ψυχαὶ μία.

55. οὐ γάρ τις αὐτοῦ τοῦδε τοῦ παντὸς τόπος, ἢ ψυχή (*neque est alter hujus universi locus, quam anima*).

nas palavras: *convém não admitir nenhum tempo fora da alma*[56]. Aquele ἐκεῖ (a vida por vir) é o oposto de ἐνθάδε (esta vida), e é um conceito que lhe é muito familiar, que ele explica em mais detalhes pelo *mundo inteligível e sensível*[57], e pelo *lá em cima e aqui embaixo*[58]. A idealidade do tempo ainda recebe explicações muito boas nos capítulos 11 e 12. A isso se conecta a bela explicação de que, em nosso estado temporal, não somos o que deveríamos e gostaríamos de ser. Por isso, sempre esperamos o melhor do futuro e aguardamos ansiosamente pelo preenchimento daquilo que nos falta, sendo isso a origem do futuro e de sua condição, o tempo (c. 2 e 3). Uma prova mais distante da origem indiana é dada pela doutrina da metempsicose apresentada por Jâmblico (*De mysteriis*, Sect. 4, c. 4 e 5), bem como, na mesma obra (S. 5, c. 6), pela doutrina da libertação e redenção final das amarras do nascimento e da morte, *a purificação e perfeição da alma e a libertação do devir*[59], e (c. 12), *o fogo no sacrifício nos liberta dos grilhões do devir*[60], ou seja, aquela mesma promessa que é exposta em todos os livros religiosos indianos, que em inglês se denomina *final emancipation* [emancipação

---

56. δεῖ δὲ οὐκ ἔξωθεν τῆς ψυχῆς λαμβάνειν τὸν χρόνον, ὥσπερ οὐδὲ τὸν αἰῶνα ἐκεῖ ἔξω τοῦ ὄντος (*oportet autem nequaquam extra animam tempus accipere*).

57. κόσμος νοητός e κόσμος αἰσθητός, *mundus intelligibilis et sensibilis*.

58. τὰ ἄνω καὶ τὰ κάτω.

59. ψυχῆς κάθαρσις, καὶ τελείωσις, καὶ ἡ ἀπὸ τῆς γενέσεως ἀπαλλαγή.

60. τὸ ἐν ταῖς θυσίαις πῦρ ἡμᾶς ἀπολύει τῶν τῆς γενέσεως δεσμῶν.

final], ou redenção. Por fim, há o relato (*loc. cit.* 7, c. 2) de um símbolo egípcio que representa um deus criador sentado sobre o lótus: obviamente o Brahma criador do mundo, sentado sobre a flor de lótus que brota do umbigo de Vishnu, como ele é frequentemente representado (p. ex., em Langles, *Monuments de l'Hindoustan*, vol. 1, ad p. 175; em Coleman, *Mythology of the Hindus*, tab. 5, etc.). Esse símbolo, como prova segura da origem hindu da religião egípcia, é muito importante, tão importante quanto o relato de Porfírio, em *De abstinentia*, lib. II, de que no Egito a vaca era sagrada e não devia ser abatida. – Até mesmo a circunstância relatada por Porfírio em sua *Vida de Plotino* de que este, depois de ter sido aluno de Amônio Saca por vários anos, queria ir com o exército de Gordiano para a Pérsia e a Índia, o que foi frustrado pela derrota e morte de Gordiano, indica que o ensinamento de Amônio era de origem indiana e que Plotino agora pretendia extraí-lo de modo mais puro na sua fonte. O mesmo Porfírio apresentou uma teoria detalhada da metempsicose, com um sentido inteiramente indiano, embora revestida de psicologia platônica: ela é encontrada nas *Éclogas* de Estobeu, L. I, c. 52, §. 54.

8
Gnósticos

As filosofias cabalística e gnóstica, para cujos criadores judeus e cristãos o monoteísmo foi de antemão estabelecido, são tentativas de resolver a contradição gritante entre a criação do mundo por um ser onipotente, sumamente bom e onisciente, e a natureza triste e defeituosa desse mesmo mundo. Para tanto, eles introduzem, entre o mundo e sua causa, uma série de seres intermediários, cuja culpa provocou uma queda e, tão somente por meio desta, o mundo se originou. Dessa forma, eles por assim dizer transferem a culpa do soberano para os ministros. Esse procedimento já estava claramente indicado pelo mito do pecado original, que é o ponto alto do judaísmo. Assim, esses seres são, para os gnósticos, o pleroma[61], os Eões, a matéria[62], o demiurgo, e assim por diante. A série é ampliada arbitrariamente por cada gnóstico.

Todo esse procedimento é análogo àquela inserção de seres intermediários por parte dos filósofos fisiológicos, seres tais como fluido nervoso, éter nervoso, espíritos vitais e similares. Eles pretendiam, com isso, mitigar a contradição que a suposta conexão e influência recíproca de uma substância material e imaterial provoca no ser humano. Ambos – gnósticos e filósofos fisiológicos – escondem o que não são capazes de suprimir.

---

61. πλήρωμα.

62. ὕλη.

9
Escoto Erígena

Esse homem admirável nos oferece uma visão interessante da luta entre a verdade que pode ser independentemente reconhecida e os dogmas locais, fixados por inoculação precoce e que são impassíveis de qualquer dúvida, ou pelo menos de qualquer ataque direto. Ao mesmo tempo, mostra-nos o esforço resultante de uma natureza nobre para, de alguma forma, harmonizar a dissonância que foi de tal modo criada. Isso, é claro, só pode ser feito girando, torcendo e, se necessário, distorcendo os dogmas até que eles, *nolentes volentes* [querendo ou não], conformem-se à verdade autorreconhecida que continua sendo o princípio dominante, mas que é agora obrigada a se apresentar em uma roupagem estranha e até mesmo pesada. Erígena, em sua grande obra *De divisione naturae*, sabe como executar esse método de modo bem-sucedido em todos os lugares, até que, no final, também quer empregá-lo para a origem do mal e do pecado, bem como para os tormentos ameaçados do inferno: aqui ele falha, e isso por causa do otimismo, que é uma consequência do monoteísmo judaico. Ele ensina, no quinto livro, o retorno de todas as coisas a Deus, a unidade metafísica e a indivisibilidade de toda a humanidade, e mesmo de toda a natureza. Ora, assim surge a pergunta: onde está o pecado? Ele não pode estar em Deus; – onde está o inferno, com seu tormento sem fim, como foi prometido? – Quem deverá ir para o inferno? A humanidade já foi redimida, e, de fato, completamente. – Aqui o dogma permanece intransponível. Erígena se contorce miseravelmente em meio a sofismas que se resumem a palavras, e é finalmente forçado a contradições e absurdos, especialmente quando surge a inevitável questão da origem do pecado. Esta origem não pode estar nem em Deus nem na vontade que ele criou; caso contrário, Deus seria o autor do pecado – coisa que ele, admiravelmente, reconhece (p. 287 da editio princeps de Oxford, 1681). Ele é, então, levado a absurdos, uma vez que o pecado não tem causa nem sujeito: *O mal é sem causa, [...] ele é profundamente sem causa e sem substância*[63] (p. 287). – A razão mais profunda dessas falhas é que a doutrina da redenção da humanidade e do mundo, que é obviamente de origem indiana, também pressupõe a doutrina indiana segundo a qual a origem do mundo (o samsara dos budistas) já é ela própria a origem do mal, ou seja, um ato pecaminoso de Brahma, Brahma este que, mais uma vez, somos nós mesmos: pois a mitologia indiana é transparente em toda parte. No cristianismo, em contrapartida, a doutrina da redenção do mundo teve que ser enxertada no teísmo judaico, onde o Senhor não apenas criou

---

63. malum incausale est, [...] penitus incausale et insubstantiale est.

o mundo, mas também o achou excelente depois: *tudo era muito belo*[64] (Gn 1,31). *Por isso aquelas lágrimas*[65]: daí surgem as dificuldades que Erígena reconheceu perfeitamente, embora ele, na sua época, não pudesse ousar atacar o mal em sua raiz. Entretanto, ele é de uma brandura indostânica: rejeita a condenação e a punição eternas impostas pelo cristianismo: todas as criaturas, racionais, animais, vegetais e inanimadas, devem, de acordo com sua essência interior, pelo próprio curso necessário da natureza, alcançar a eterna bem-aventurança, pois elas procedem da bondade eterna. Mas somente os santos e os justos terão completa unidade com Deus, *deificatio*. Aliás, Erígena é tão honesto que não esconde o grande embaraço em que a origem do mal o coloca: ele o expressa claramente na passagem mencionada do quinto livro. Na verdade, a origem do mal é o penhasco no qual, assim como o panteísmo, o teísmo também naufraga: pois ambos implicam otimismo. Mas o mal e o pecado, ambos em sua terrível grandeza, não podem ser negados; de fato, as punições prometidas para este último só farão aumentar o primeiro. Ora, de onde vem tudo isso, se o mundo é um deus ou a obra bem-intencionada de um deus? Se os oponentes teístas do panteísmo clamam, contra isso: "o que? Todos os seres maus, terríveis e hediondos supostamente são Deus?", então os panteístas podem responder: "como? Todos esses seres maus, terríveis e hediondos supostamente

---

64. πάντα καλὰ λίαν.

65. Hinc illae lacrimae.

foram produzidos por um deus, *de gaieté de coeur* [com alegria de coração]?" – Encontramos Erigena nessas mesmas aflições também em outra de suas obras que chegou até nós, o livro *De praedestinatione*, que, no entanto, é muito inferior ao *De divisione naturae*, uma vez que, ali, ele aparece não como filósofo, mas como teólogo. Aqui também, portanto, ele se atormenta miseravelmente com aquelas contradições que têm como fundamento último o fato de que o cristianismo está enxertado ao judaísmo. Seus esforços, no entanto, apenas iluminam ainda mais essas contradições. Supõe-se que Deus fez absolutamente tudo e em tudo; isso é estabelecido: – consequentemente, fez também a maldade e o mal. Essa consequência inescapável deve ser removida, e Erígena se vê obrigado a aduzir lamentáveis subterfúgios linguísticos. Uma vez que o mal e a maldade não devem de modo algum *ser*, logo devem ser nada. – Ora essa! – Ou então, diz-se que a origem do mal e da maldade deve ser atribuída ao *livre-arbítrio*: pois Deus de fato o criou, mas o fez *livre*; portanto, o que fazem posteriormente com o livre-arbítrio não Lhe diz respeito; pois o livre-arbítrio era precisamente *livre*, ou seja, poderia ser de tal forma ou de outra, bom ou mal. – Bravo! – A verdade, no entanto, é que o livre-arbítrio e a criação são dois atributos mutuamente excludentes, portanto contraditórios; logo, a alegação de que Deus criou os seres e, ao mesmo tempo, concedeu-lhes o livre-arbítrio significa, na verdade, que ele os criou e ao mesmo tempo não os criou. Isso porque a ação segue o ser[66], ou seja, os efeitos ou ações de qualquer coisa possível nunca podem ser outra coisa que não a consequência de sua natureza, a qual só é conhecida por meio dessas ações. Logo, para ser livre no sentido aqui exigido, um ser não poderia ter natureza alguma, ou seja, teria que ser nada, portanto ser e não ser ao mesmo tempo. Pois aquilo que *é* deve também ser *algo*: uma existência sem essência não pode sequer ser pensada. Ora, se um ser é criado, então ele é criado conforme é *feito*: portanto, ele é *mal* criado se for *mal* feito, e *mal* feito se agir mal, ou seja, se seus efeitos, ou ações, forem maus. Consequentemente, a *culpa* do mundo, assim como sua *maldade*, ambas igualmente inegáveis, sempre recai sobre seu autor, que Escoto Erígena se esforça deploravelmente para exonerar, assim como Agostinho também o fez. Se, por outro lado, um ser deve ser moralmente livre, então ele não deve ter sido criado, mas deve ter aseidade, ou seja, ser original, existindo a partir de sua própria força elementar e poder absoluto, e não se referir a outro ser. Assim, seu ser é seu próprio ato de criação que se desdobra e se espalha no tempo. No entanto, esse ato exibe uma natureza decidida de uma vez por todas desse ser, que, no entanto, é de sua própria criação; portanto, a responsabilidade por todas as manifestações dessa natureza pertence a ele mesmo. – Ora, se um ser deve ser *responsável* por suas ações, ou seja, se deve ser *imputável*, então ele deve ser *livre*. Portanto, a partir da responsabilidade e

---

66. *operari sequitur esse.*

da imputabilidade que nossa consciência declara, segue-se muito seguramente que a vontade é livre; mas, também a partir disso, segue-se que a vontade é o originário; consequentemente, não apenas a ação, mas o próprio ser e a essência do ser humano são sua própria obra. Sobre tudo isso aqui discutido, remeto ao meu *Tratado sobre a liberdade da vontade*, em que isso se encontra explicado em detalhes e de forma irrefutável; é por isso que os próprios professores de filosofia tentaram desacreditar esse escrito premiado com o mais inquebrantável silêncio. – A culpa do pecado e do mal sempre recai da natureza para seu autor. Ora, se este for a própria vontade, que se apresenta em todas as suas manifestações, então essa culpa encontrou o homem certo; se, por outro lado, seu autor deve ser um deus, então a autoria do pecado e do mal contradiz sua divindade.

Ao ler Dionísio Areopagita, a quem Erígena se refere com tanta frequência, descobri que este último foi em tudo seu modelo. Tanto o panteísmo de Erígena quanto sua teoria do mal e da maldade podem ser encontrados, em linhas gerais, já presentes em Dionísio: no entanto, com Dionísio está apenas indicado aquilo que Erígena desenvolveu, exprimiu com audácia e apresentou com fervor. Erígena possui infinitamente mais espírito do que Dionísio: no entanto, foi Dionísio quem lhe forneceu o material e a direção das considerações, preparando assim poderosamente o seu trabalho. O fato de Dionísio não ser autêntico não é relevante, não importa quem tenha sido o autor do livro *De divinis nominibus*. No entanto, uma vez que ele provavelmente viveu em Alexandria, acredito que, de alguma maneira desconhecida para nós, também tenha sido o canal pelo qual uma gota de sabedoria indiana pode ter chegado até Erígena; como Colebrooke observou em seu ensaio sobre a filosofia hindu (em *Miscellaneous Essays*, vol. I, p. 244), a proposição III da *Karika* de *Kapila* se encontra em Erígena.

10
A escolástica

O caráter distintivo da *Escolástica* reside, em minha opinião, no fato de que seu critério supremo de verdade é a Sagrada Escritura, à qual, portanto, pode-se sempre apelar contra qualquer conclusão racional – Uma de suas peculiaridades é que sua exposição é por toda a parte polêmica: cada investigação logo se transforma em uma controvérsia, cujo 'prós' e 'contras' geram constantemente novos 'prós' e 'contras', fornecendo-lhe assim o material que, de outra forma, logo se esgotaria. No entanto, a raiz oculta e última dessa peculiaridade reside no antagonismo entre razão e revelação.

A justificativa mútua do *realismo* e do *nominalismo* e, portanto, a possibilidade da disputa sobre eles, que tem sido tão longa e persistentemente travada, pode ser compreendida da seguinte forma:

Chamo as mais diversas coisas de *vermelho* quando elas têm essa cor. Obviamente, vermelho é um mero nome pelo qual designo essa aparição, não importando onde ele ocorra. Da mesma forma, todos os conceitos comuns são meros nomes para designar propriedades que ocorrem em coisas diversas: essas coisas, por outro lado, são o real e o efetivo. Assim, o *nominalismo* estaria evidentemente correto.

Mas se considerarmos que todas essas coisas reais, unicamente às quais a realidade foi atribuída, são coisas temporais, e consequentemente logo perecem, enquanto propriedades tais como vermelho, duro, macio, vivo, planta, cavalo, homem, que são designadas por esses nomes, perduram de modo inconteste e estão sempre presentes; então descobrimos que essas propriedades, que nós pensamos por meio dos conceitos comuns designados por esses nomes, possuem muito mais realidade que as coisas reais, e isso em virtude de sua existência indestrutível. A realidade, portanto, deve ser atribuída aos *conceitos*, e não aos entes individuais: logo, o *realismo* estaria correto.

O nominalismo, na verdade, leva ao materialismo: pois, após a supressão de todas as propriedades, no final resta apenas a matéria. Ora, se os conceitos são meros nomes e as coisas individuais são o real; se suas propriedades, na medida em que são propriedades individuais nesses nomes, são transitórias; então somente a matéria é permanente e, portanto, real.

Estritamente falando, no entanto, a justificativa acima mencionada não convém ao realismo, mas à doutrina platônica das Ideias, da qual o realismo é uma extensão. São as formas e propriedades eternas das coisas naturais, εἴδη, que persistem sob todas as mudanças e às quais, portanto, deve ser atribuída uma idealidade de um tipo superior do que aos indivíduos nos quais elas se apresentam. Por outro lado, não se pode dizer o mesmo das meras abstrações, que não podem ser comprovadas pela intuição: o que há de real, por exemplo, em conceitos como relação, diferença, separação, desvantagem, indeterminação etc.?

Fica evidente uma certa afinidade, ou pelo menos um paralelismo de opostos, quando Platão é contrastado com Aristóteles, Agostinho com Pelágio, os realistas com os nominalistas. Pode-se afirmar que, até certo ponto, uma divergência polar do modo de pensar humano se manifesta nisso – o que, curiosamente, foi expresso pela primeira vez e de forma mais decisiva em dois grandes homens que viveram ao mesmo tempo e próximos um do outro.

11
Bacon de Verulam

Em um sentido diverso e mais específico do que o que acabamos de descrever, a explícita e deliberada antítese a Aristóteles foi Bacon de Verulam. Aristóteles foi o primeiro a expor minuciosamente o método correto de se chegar a verdades particulares a partir de verdades gerais, ou seja, o caminho descendente: isso é a silogística, o *Organum Aristotelis*. Em contrapartida, Bacon mostrou o caminho ascendente, expondo o método de se chegar a verdades gerais a partir de verdades particulares: isso é a indução, em contraste com a dedução, e sua apresentação é o *Novum organum*, expressão que, escolhida para se contrapor a Aristóteles, significa: "uma abordagem bastante diferente". – O erro de Aristóteles, e mais ainda dos aristotélicos, estava na pressuposição de que eles de fato já possuíam toda a verdade, de que ela estava contida em seus axiomas, isto é, em certas proposições *a priori* ou consideradas como tais, e que, para obter as verdades particulares, era necessário apenas derivá-las daquelas. Um exemplo aristotélico a esse respeito se encontra em seus livros *De caelo*. Bacon, por outro lado, mostrou corretamente que esses conteúdos não estavam contidos nos axiomas, e que a verdade ainda não fazia parte do sistema de conhecimento humano daquela época, mas estava fora dele, não sendo possível, portanto, desenvolver-se a partir desse sistema, devendo antes ser nele introduzida. Consequentemente, mostrou Bacon que proposições gerais e verdadeiras, de conteúdo extenso e rico, tinham que ser obtidas somente por *indução*.

Os escolásticos, seguindo Aristóteles, pensavam: queremos primeiro estabelecer o universal; o particular fluirá a partir dele, ou poderá posteriormente encontrar espaço sob ele, conforme o caso. Portanto, queremos, antes de tudo, estabelecer o que pertence ao *ens*, à coisa em geral: o que é peculiar às coisas individuais pode, se necessário, ser trazido mais tarde, também pela experiência, e isso nunca pode mudar nada no universal. – Bacon, por outro lado, disse: primeiro queremos conhecer as coisas particulares da forma mais perfeita possível: então reconheceremos, por fim, o que a coisa em geral é.

Todavia, Bacon é inferior a Aristóteles no fato de que seu método ascendente não é de forma alguma tão regular, certo e infalível quanto o método descendente de Aristóteles. De fato, o próprio Bacon, em suas investigações físicas, pôs de lado as regras de seu método apresentadas no *Novum organon*.

O foco principal de Bacon era a física. O que ele fez com a física, nomeadamente começar do início, Descartes fez imediatamente depois com a metafísica.

12
A filosofia dos modernos

Nos livros de aritmética, a precisão da solução de um exemplo é geralmente indicada pelo fato de que ele se equaciona, ou seja, quando não deixa resto. Com a solução do enigma do mundo se passa algo semelhante. Todos os sistemas são cálculos que não se equacionam completamente: eles deixam um resto ou, se preferirmos uma analogia química, um precipitado insolúvel. Este último reside no fato de que, se seguimos as conclusões de suas proposições, os resultados não se ajustam ao mundo real diante de nós, não se harmonizam com ele, e, com efeito, alguns dos aspectos do mundo permanecem completamente inexplicáveis. Por exemplo, nos sistemas materialistas que derivam o surgimento do mundo a partir da matéria dotada apenas de propriedades mecânicas e de acordo com as leis dessa matéria, não se encaixam o finalismo universal e admirável da natureza, nem a existência do conhecimento, no qual, no entanto, aquela própria matéria primeiramente se apresenta. Esse, portanto, é o seu resto. – Com os sistemas teístas, por outro lado, e não menos com os panteístas, os males físicos predominantes e a corrupção moral do mundo não podem ser harmonizados: eles, portanto, permanecem como um resto, ou jazem como um precipitado insolúvel. – É verdade que, em tais casos, esses vestígios são encobertos com sofismas, se necessário também com meras palavras e frases: mas, a longo prazo, isso não se sustenta. Dessa forma, como o exemplo não se equaciona, busca-se por erros individuais no cálculo, até que finalmente se admita que a própria abordagem inicial estava errada. Se, por outro lado, a consequência e a harmonia geral de todas as proposições de um sistema forem acompanhadas, a cada passo, por uma harmonia igualmente consistente com o mundo da experiência, sem que se perceba nenhuma dissonância entre ambos, então este é o critério de verdade desse sistema, a solução exata que é exigida pelo exemplo da aritmética. Da mesma forma, o fato de o ponto de partida já estar errado significa que desde o início a questão não foi corretamente abordada, o que acabou por nos conduzir posteriormente de erro em erro. Pois a filosofia é como muitas outras coisas: tudo depende da abordagem correta. Mas o fenômeno do mundo a ser clarificado apresenta inúmeros caminhos, dos quais apenas um pode ser o correto: ele se assemelha a um emaranhado de fios entrelaçados, com muitas extremidades falsas que pendem dele: apenas aquele que descobre o verdadeiro pode desatar o todo. Com isso, no entanto, uma coisa se desdobra facilmente a partir da outra, e assim torna-se evidente que esse era o caminho correto. Ele também pode ser comparado a um labirinto que oferece cem entradas que se abrem para corredores, todos eles saindo novamente no final, após longas e muitas vezes sinuosas curvas; com exceção de apenas uma, cujas curvas realmente levam ao ponto central, onde está o ídolo. Se tivermos encontrado essa entrada, então não perderemos o caminho; por nenhum outro caminho poderemos alcançar a meta. – Não escondo minha opinião de que somente a vontade em nós é a extremidade correta do emaranhado de fios, a verdadeira entrada do labirinto.

Descartes, por outro lado, seguindo o procedimento da metafísica de Aristóteles, partiu do conceito de substância, com o qual todos os seus sucessores ainda se arrastam, como podemos ver. Entretanto, ele admitiu dois tipos de substância: a pensante e a extensa. Essas substâncias agiriam uma sobre a outra por *influxus physicus*, que, no entanto, logo se mostrou ser o resto de Descartes. Esse influxo ocorria não apenas de fora para dentro, com a representação do mundo corpóreo, mas também de dentro para fora, entre a vontade (que foi atribuída sem hesitação ao pensamento) e as ações corpóreas. A relação íntima entre esses dois tipos de substância se torna, agora, o principal problema, do qual surgiram dificuldades tão grandes que, como resultado, conduziu ao sistema das *causes occasionelles* e da *harmonia praestabilitia*; depois que o *spiritus animales*, que havia mediado essa questão no próprio Descartes, não serviu mais[67]. Malebranche, de fato, considerava

---

67. A propósito, os *spiritus animales* já são mencionados em Vanini, *De naturae arcanis*, Dial. 49, como um tema bem conhecido. Talvez seu criador seja Willisius Flourens (*De*

o *influxus physicus* como algo inimaginável; no entanto, ele não levou em consideração que, na criação e direção do mundo material por um Deus que é um espírito, tal influxo é admitido sem hesitação. Assim, ele o substituiu pelas *causes occasionnelles* e pelo *nous voyons tout en Dieu*: aqui está seu resto. Também Espinosa, seguindo os passos de seu mestre, partiu ainda do conceito de substância como se fosse algo dado. No entanto, declarou que ambos os tipos de substância, a pensante e a extensa, eram uma e a mesma; com isso, evitou a dificuldade acima mencionada. Com isso, no entanto, sua filosofia tornou-se principalmente negativa, consistindo principalmente na mera negação das duas grandes antíteses cartesianas; e isso na medida em que ele estende sua identificação até mesmo àquela outra antítese estabelecida por Descartes, a saber, entre Deus e o mundo. Isso, porém, era na verdade apenas um método de ensino ou forma de exposição de sua filosofia. Teria sido, de fato, muito ofensivo dizer diretamente: "não é verdade que um Deus tenha feito este mundo; antes, o mundo existe a partir de sua própria potência perfeita". Assim, ele optou por uma abordagem indireta e disse: "*o próprio mundo é Deus*"; o que jamais lhe teria ocorrido afirmar se, em vez do judaísmo, ele tivesse podido partir imparcialmente da própria natureza. Esta expressão serve ao mesmo tempo para dar uma aparência

---

anima brutorum, Genebra 1680, p. 35, sq.), *De la vie et de l'intelligence*, II. p. 72, atribui isso a Galeno. De fato, Jâmblico em Estobeu (*Eclog.* L. I, c. 52, §. 29) já a menciona claramente como uma doutrina dos estoicos.

de positividade a seus ensinamentos, embora eles sejam fundamentalmente negativos, e assim ele deixa o mundo propriamente sem explicação, já que sua doutrina se resume em: *o mundo é porque é; e é como é porque é assim.* (Com essa frase, Fichte costumava mistificar seus estudantes.) No entanto, a deificação do mundo que surgiu da maneira mencionada acima não permitia uma verdadeira ética e estava em gritante contradição com os males físicos e a perversidade moral deste mundo. Aqui está, portanto, seu resto. O conceito de substância, do qual Espinosa também parte, é considerado por ele, conforme dissemos, como algo dado. Embora ele o defina de acordo com seus propósitos, não se preocupa com a sua origem. Foi somente Locke que, depois de Espinosa, estabeleceu a grande doutrina de que um filósofo que queira derivar ou demonstrar qualquer conceito a partir de outros conceitos deve, antes de tudo, investigar a *origem* de cada um desses conceitos; pois o conteúdo do conceito e aquilo que pode resultar dele são inteiramente determinados por sua origem, como a fonte de todo conhecimento acessível por meio dele. Se Espinosa tivesse investigado a origem desse conceito de substância, teria eventualmente descoberto que essa origem é puramente a matéria e, portanto, o verdadeiro conteúdo do conceito nada mais é que suas propriedades essenciais, as quais podem ser conhecidas *a priori.* De fato, tudo o que Spinoza atribui à sua substância encontra sua comprovação na matéria e apenas nela: ela é, portanto, não criada, sem causa, eterna, singular e única, e suas modificações são extensão e conhecimento, este último sendo uma propriedade exclusiva do cérebro, que é material. Logo, Espinosa é um materialista inconsciente; no entanto, quando elaboramos a respeito do tema, a matéria que realiza seu conceito e é comprovada empiricamente não é a matéria concebida erroneamente de maneira atomista de Demócrito e dos materialistas franceses posteriores, matéria esta que possuiria apenas propriedades mecânicas, mas sim aquela matéria corretamente concebida, equipada com todas as suas qualidades inexplicáveis. Sobre essa diferença, remeto ao meu trabalho principal, Volume 2, Capítulo 24, página 315 em diante (3ª edição, página 357 em diante). – Esse método de aceitar o conceito de substância sem questionamento para usá-lo como ponto de partida já se encontra nos eleatas, como é particularmente evidenciado no livro de Aristóteles sobre Xenófanes, entre outros. Xenófanes, por exemplo, parte do ὄν, ou seja, da substância, e as suas propriedades são demonstradas sem que seja perguntado ou dito de onde ele obtém seu conhecimento sobre tal coisa. Se isso fosse feito, ficaria claro do que ele está realmente falando, ou seja, qual é a intuição que está em última instância subjacente ao seu conceito e que lhe confere realidade. No final, provavelmente apenas a matéria se revelaria como aquilo a que se aplica tudo aquilo que ele diz. Nos capítulos seguintes sobre Zenão, a concordância com Espinosa se estende até mesmo no que diz respeito à exposição e às expressões. Com isso, é difícil não supor que Espinosa conhecia e usava esta obra, uma vez que, em sua época, Aristóteles ainda desfrutava de grande prestígio, apesar de ser atacado por Bacon, e boas edições estavam disponíveis, com uma versão em latim. Portanto, Espinosa seria apenas um renovador dos eleatas, assim como Gassendi o foi para Epicuro. Mais uma vez aprendemos como é extraordinariamente raro, em todas as áreas do pensamento e do conhecimento, o verdadeiramente novo e completamente original. Além disso, e especialmente do ponto de vista formal, a saída de Espinosa do conceito de substância se baseia no pensamento errôneo fundamental que ele havia adotado de seu professor Descartes, e que este, por sua vez, havia herdado de Anselmo de Canterbury, segundo o qual seria possível derivar a *existentia* da *essentia*, ou seja, inferir a existência necessária a partir de um mero conceito; em outras palavras, trata-se da ideia de que seria necessário que algo deixasse de ser meramente pensado e passasse a existir realmente em virtude da natureza ou definição de algo em pensamento. Descartes aplicou esse pensamento errôneo ao conceito do *ens perfectissimum* (ente perfeitíssimo), enquanto Espinosa o aplicou ao conceito de *substantia* ou *causa sui* (substância ou causa de si), o que, como ele mesmo aponta, é uma contradição em termos. Veja sua primeira definição, que é o seu *pseudoprincípio*[68], no início da Ética, bem como a proposição

---

68. πρῶτον ψεῦδος.

7 do primeiro livro. A diferença entre os conceitos fundamentais dos dois filósofos quase se resume apenas à forma de expressão. No entanto, o uso desses conceitos como ponto de partida, portanto como dados, é o erro subjacente a ambos: a ideia equivocada de derivar a representação intuitiva da representação abstrata, enquanto, na verdade, toda representação abstrata surge da representação intuitiva e, portanto, é fundamentada por esta. Portanto, temos aqui um caso de *confusão entre fundamento e consequência*[69].

Espinosa se envolveu em uma dificuldade especial ao chamar sua única substância de *Deus*, uma vez que essa palavra já havia sido usada para representar um conceito completamente diferente, e ele constantemente teve que lutar contra os mal-entendidos que surgiam porque o leitor, em vez do conceito que deveria ser designado de acordo com as primeiras explicações de Espinosa, ainda o associava ao conceito que normalmente era designado por essa palavra. Se ele não tivesse usado essa palavra, teria evitado discussões longas e penosas no primeiro livro. No entanto, ele a usou para que sua doutrina causasse menos controvérsia, embora esse objetivo não tenha sido alcançado. Assim, uma certa ambiguidade permeia toda a sua exposição, que poderia ser considerada de certa forma alegórica, especialmente porque ele age da mesma maneira com alguns outros conceitos – como mencionado anteriormente (no primeiro ensaio). O quão mais clara, portanto

---

69. ὕστερον πρότερον.

melhor, teria sido a sua assim chamado Ética, se ele tivesse falado diretamente como pretendia e tivesse chamado as coisas pelo seu nome; e se ele tivesse apresentado seus pensamentos, juntamente com suas razões, de maneira franca e natural, em vez de comprimi-los nas botas espanholas das proposições, demonstrações, escólios e corolários, nesta vestimenta tomada de empréstimo da geometria, que, em vez de conferir à filosofia a certeza geométrica, perde todo o significado sempre que a geometria, com sua construção de conceitos, não está envolvida; portanto, também aqui se aplica: o capuz não faz o monge[70].

No segundo livro, ele apresenta os dois modos de sua substância única como extensão e representação (*extensio et cogitatio*), o que é claramente uma divisão incorreta, uma vez que a extensão só existe na e por meio da representação, não devendo, portanto, ser-lhe oposta, mas subordinada.

Que Espinosa em toda parte elogie explícita e enfaticamente a alegria[71] e a coloque como condição e sinal de toda ação louvável, enquanto rejeite absolutamente toda tristeza[72] – embora seu Antigo Testamento lhe tenha dito: "Mais vale o desgosto do que o riso, pois pode-se ter a face triste e o coração alegre" (Ecl. 7, 3) –, tudo isso ele faz apenas por amor à consistência, pois se este mundo é Deus, então ele é um fim em si mesmo e deve se regozijar e louvar sua existência. Portanto, "salte, Marquês!".

---

70. cucullus non facit monachum.

71. Laetitia.

72. Tristitia.

Sempre alegre, nunca triste! O panteísmo é necessária e essencialmente um otimismo. Esse otimismo obrigatório força Spinoza a várias outras consequências falsas, dentre as quais estão os absurdos e os frequentemente ultrajantes princípios de sua filosofia moral, que atingem o auge da infâmia no capítulo 16 de seu *Tractatus theologico-politicus*. Por outro lado, ele ocasionalmente deixa de lado a consistência justamente quando ela teria levado a visões corretas, como em suas declarações tão indignas quanto falsas sobre os animais (*Ética*. Pars IV, Appendicis cap. 26, et ejusdem Partis prop. 37, escólio). Aqui, ele fala de acordo com os capítulos 1 e 9 do Gênesis, da maneira como um judeu os entende, de modo que para aqueles de nós que estão acostumados com ensinamentos mais puros e dignos, sucumbimos ante o fedor judaico[73]. Parece que Espinosa não tinha nenhum conhecimento de cães. À proposição ultrajante com a qual o referido capítulo 26 começa – "Fora dos homens não conhecemos nenhum ser na natureza, com cuja mente nos alegrássemos e com quem pudéssemos nos unir pela amizade ou por qualquer tipo de trato social"[74] –, a melhor resposta é dada por um beletrista espanhol de nossos tempos (Larra, pseudônimo Fígaro, em *Doncel* c. 33): "Quem nunca teve um cachorro não sabe o que é amar e ser amado"[75]. As torturas de animais, que, de acordo com Colerus, Espinosa

---

73. "Foetor judaicus": conceito antissemita medieval [N.T.].

74. Praeter homines nihil singulare in natura novimus, cujus mente gaudere et quod nobis amicitia, aut aliquo consuetudinis genere jungere possumus.

75. El que no ha tenido un perro, no sahe lo que es querer y ser querido.

costumava infligir a aranhas e moscas, para sua diversão e às gargalhadas, correspondem muito de perto às suas proposições aqui condenadas, bem como aos referidos capítulos do Gênesis. Por tudo isso, então, a *Ética* de Espinosa é uma mistura do falso e do verdadeiro, do admirável e do ruim. Perto do final, na segunda metade da última parte, nós o vemos se esforçando em vão para ser claro para si mesmo, sendo incapaz de consegui-lo. Nada lhe resta, portanto, a não ser se tornar místico, como acontece aqui. Para não sermos injustos com esse grande espírito, devemos ter em mente que ele teve muito pouco antes de si, apenas Descartes, Malebranche, Hobbes e Giordano Bruno. Os conceitos filosóficos fundamentais ainda não haviam sido suficientemente trabalhados, os problemas não haviam sido ventilados adequadamente. Leibniz também partiu do conceito de *substância* como um dado, mas principalmente tinha em vista que tal substância deveria ser *indestrutível*: para esse propósito, ela tinha que ser *simples*, porque qualquer coisa extensa seria divisível e, portanto, destrutível: consequentemente, ela era sem extensão, ou seja, imaterial. Não restaram outros predicados para sua substância além dos espirituais, ou seja, percepção, pensamento e desejo. De tais substâncias espirituais simples, ele agora imediatamente assumiu uma miríade: estas, embora não fossem elas mesmas extensas, estavam, no entanto, subjacentes ao fenômeno da extensão; portanto, ele as definiu como átomos formais e substâncias simples (*Opera* ed. Erdmann, p. 124, 676) e deu-lhes o nome de mônadas. Supõe-se, então, que elas estejam subjacentes ao fenômeno do mundo corpóreo, que é, portanto, mera aparência, sem a realidade real e imediata que se deve apenas às mônadas, que estão na realidade e por trás dela. Esse fenômeno do mundo corpóreo, por outro lado, é percebido pelas mônadas (ou seja, daquelas que de fato percebem, que são muito poucas, já que a maioria delas está constantemente adormecida) em virtude da harmonia preestabelecida, que a Mônada Central realiza sozinha e às suas próprias custas. Aqui estamos um pouco no escuro. Seja como for, a mediação entre os meros pensamentos dessas substâncias e aquilo que é realmente e em si mesmo extenso é fornecida por uma harmonia preestabelecida pela Mônada Central. – Aqui, pode-se dizer que tudo é resto. No entanto, para fazer justiça a Leibniz, é preciso lembrar o modo de consideração da matéria que Locke e Newton sustentavam à época, na qual a *matéria* é absolutamente morta, puramente passiva e de vontade própria, dotada apenas de forças mecânicas e sujeita apenas a leis matemáticas. Leibniz, por outro lado, rejeita os *átomos* e a física puramente *mecânica* para colocar uma física *dinâmica* em seu lugar, o que abre o caminho para o trabalho de Kant (cf. *Opera*, ed. Erdmann, p. 694). Primeiro, ele se lembrou das *formas substantiales* dos escolásticos e, em seguida, chegou à conclusão de que mesmo as forças meramente mecânicas da matéria, praticamente as únicas que eram conhecidas ou admitidas naquela época, deveriam ter algo espiritual como base. No entanto, ele não soube outro modo de deixar isso claro a não ser pela ficção muito incômoda de que a matéria consistia em puras alminhas que eram, ao mesmo tempo, átomos formais e que estavam geralmente em um estado de estupor, embora tivessem um análogo de *perceptio* e *appetitus*. Nesse caso, ele é conduzido a erro, como todos os outros, por fazer do conhecimento, e não da vontade, o fundamento e a *conditio sine qua non* de todo o espiritual; fui eu, em primeiro lugar, que reivindiquei a primazia devida à vontade; reivindicação que transforma tudo em filosofia. O esforço de Leibniz para fundamentar o espírito e a matéria em um único e mesmo princípio, entretanto, merece reconhecimento. Poder-se-ia até encontrar nele um prenúncio tanto da doutrina de Kant quanto da minha, mas *ele viu, por assim dizer, através da névoa*[76]. Pois sua Monadologia baseia-se na ideia de que a matéria não é uma coisa em si, mas mera aparência; portanto, o fundamento último de sua ação, mesmo que meramente mecânica, não deve ser buscado no puramente geométrico, ou seja, naquilo que pertence meramente à aparência, tal como extensão, movimento, forma; logo, a impenetrabilidade não é uma propriedade meramente *negativa*, mas a expressão de uma força positiva. A visão fundamental de Leibniz, aqui elogiada, é expressa mais claramente em alguns escritos franceses menores, como *Sistème nouveau de la nature* etc., que foram retirados do *Journal des savans* e da edição de Dütens e inseridos da edição de Erdmann, bem como nas Cartas 2e. em Erdmann, *Opera*, p. 681-95. Há também uma compilação bem escolhida das passagens de Leibniz pertencentes

---

76. *quas velut trans nebulam vidit.*

aqui às páginas 335-340 de seus escritos filosóficos menores, traduzidos por Köhler e revisados por Huth (Jena, 1740).

Em geral, porém, vemos, em toda essa cadeia de estranhas doutrinas dogmáticas, que uma ficção sempre se apoia em outra: assim como na vida prática uma mentira torna muitas outras necessárias. Na base disso está a divisão cartesiana de tudo o que existe em Deus e mundo, e a divisão do ser humano em espírito e matéria – tudo o mais se enquadrando nesta última divisão. Além disso, há o erro, comum a esses e a todos os filósofos anteriores, de colocar nosso ser fundamental no conhecimento e não na vontade, fazendo com que esta última seja secundária e aquele primário. Esses, então, foram os erros primordiais contra os quais a natureza e a realidade das coisas protestaram a cada passo, e para cuja salvação o *spiritus animales*, a materialidade dos animais, as causas ocasionais, o ver tudo em Deus, a harmonia preestabelecida, as mônadas, o otimismo e o que mais for possível, tiveram de ser concebidos. No meu caso, por outro lado, em que as coisas são atacadas no ponto certo, tudo se encaixa por conta própria, tudo vem à sua luz apropriada, nenhuma ficção é necessária, e *a simplicidade é o selo da verdade*[77]. Kant não foi diretamente tocado pelo problema das substâncias: foi além. Para ele, o conceito de substância é uma categoria, ou seja, mera forma de pensamento *a priori*. Por meio disso, em sua aplicação necessária à percepção

---

77. *simplex sigillum veri.*

sensível, nada é conhecido como é em si mesmo: portanto, a essência, que subjaz tanto aos corpos quanto às almas, pode muito bem ser uma e a mesma em si mesma. Essa é sua doutrina. Kant abriu o caminho para que a compreensão de que o próprio corpo de cada pessoa é apenas a intuição de sua vontade que surge em seu cérebro, cuja relação, estendida a todos os corpos, resultou na dissolução e decomposição[78] do mundo em vontade e representação. Contudo, aquele conceito de substância que Descartes, fiel a Aristóteles, convertera no principal conceito da filosofia, e com cuja definição também Espinosa, à maneira dos eleatas, começa sua filosofia, emerge, em um exame exato e honesto, como uma abstração de ordem superior, porém injustificada, do conceito de matéria – que, aliás, também deveria abranger seu filho ilegítimo, a *substância imaterial*, tal como expus detalhadamente em minha *Crítica da filosofia kantiana*, p. 550 e seguintes da 2. ed. (3. ed., 581 e seguintes). 550 fg. da 2. ed. (3. ed. 581 fg.). Mas mesmo à parte disso, o conceito de substância não é adequado como ponto de partida da filosofia, porque é, em todo caso, um conceito *objetivo*. Pois tudo o que é objetivo sempre é, para nós, meramente *mediado*; somente o subjetivo é o imediato: portanto, o subjetivo não pode ser ignorado, mas deve ser o ponto de partida absoluto.

---

78. Aqui optamos por uma tradução perifrástica. O termo em alemão é "Auflösung", que pode significar tanto "dissolução" quanto "decomposição". Na doutrina de Schopenhauer, o mundo é "dissolvido" em mera aparência e o que ele é em si mesmo é "decomposto" em vontade e representação [N.T.].

Sem dúvida, Descartes fez isso; na verdade, ele foi o primeiro a reconhecer e a agir de acordo com isso, o que fez com que um novo período central da filosofia começasse com ele. Mas ele o faz apenas preliminarmente, na primeira tentativa, assumindo imediatamente em seguida a realidade objetiva e absoluta do mundo, com base na veracidade de Deus, continuando, daí em diante, a filosofar de forma inteiramente objetiva. Ao fazer isso, ele é de fato culpado de um notável *circulus vitiosus*. Pois ele prova a realidade objetiva dos objetos de todas as nossas representações intuitivas a partir da existência de Deus, que seria seu autor, e cuja veracidade não permite que Ele nos engane: mas a existência do próprio Deus ele prova a partir da representação inata que supostamente teríamos Dele como o ser mais perfeito. *Ele começa duvidando de tudo e termina crendo em tudo*[79], diz um dos conterrâneos de Descartes a seu respeito.

Berkeley foi o primeiro a levar o ponto de partida subjetivo realmente a sério e a demonstrar sua necessidade indispensável. Ele é o pai do idealismo: e este é o fundamento de toda a verdadeira filosofia e tem sido mantido desde então, pelo menos como ponto de partida, embora cada filósofo que o sucedeu tenha tentado outras modulações e evasões dele. Locke, por exemplo, partiu do subjetivo ao atribuir grande parte das propriedades dos corpos à nossa percepção sensível. Deve-se notar, no entanto, que sua redução de todas as diferenças *qualitativas*, como propriedades secundárias,

---

79. *Il commence par douter de tout, et finit par tout croire.*

às meramente *quantitativas*, a saber, tamanho, forma, posição etc., como as únicas propriedades primárias, isto é, objetivas, ainda é basicamente o ensinamento de Demócrito, que da mesma forma reduziu todas as qualidades à forma, composição e posição dos átomos; como isso pode ser visto de forma particularmente clara na *Metafísica* de Aristóteles, Livro I, c. 4, e em *De sensu* de Teofrasto, c. 61-65. Locke teria revivido a filosofia de Demócrito da mesma forma que Espinosa teria revivido a filosofia eleata. Ele também preparou o caminho para o subsequente materialismo francês. Imediatamente, no entanto, por meio dessa distinção preliminar entre o subjetivo e o objetivo, ele preparou o caminho para Kant, que, seguindo sua direção e sua trilha em um sentido muito mais elevado, chegou à separação pura entre o subjetivo e o objetivo, em cujo processo, é claro, tanto caiu para o subjetivo que o objetivo permaneceu apenas como um ponto muito obscuro, como algo não mais cognoscível – a coisa-em-si. Eu a reconduzi, então, à essência que encontramos em nossa autoconsciência como vontade e, portanto, também aqui, retornei à fonte subjetiva do conhecimento. Mas não poderia ser de outra forma, porque, como eu disse, tudo o que é objetivo é sempre apenas secundário, nomeadamente uma representação. Portanto, não devemos procurar o núcleo mais íntimo do ser, a coisa-em-si, fora de nós, mas apenas dentro de nós, isto é, no subjetivo, como o único imediato. Além disso, nunca podemos, a partir do objetivo, chegar a um ponto de repouso, último e originário, porque com ele estamos no domínio das *representações*. Estas, contudo, têm como forma, em conjunto e por essência, o *princípio de razão*, em suas quatro configurações, às quais todo objeto se subsome, submetendo-se à sua exigência. Por exemplo, as perguntas "de onde?" e "por quê?" pressionam de uma só vez e de forma destrutiva um suposto objetivo absoluto, diante das quais ele deve recuar e desaparecer. A situação é diferente quando mergulhamos nas profundezas silenciosas, embora sombrias, do sujeito. Aqui, entretanto, corremos o risco de cair no misticismo. Por isso, devemos extrair dessa fonte apenas o que é factualmente verdadeiro, acessível a todos e, consequentemente, absolutamente inegável.

A *dianoiologia*, que, como resultado de investigações desde Descartes, era vigente até Kant, é apresentada *en résume* e com clareza ingênua em *Della fantasia* de Muratori, capítulos 1-4 e 13. Nela, Locke aparece como um herege. A coisa toda é um ninho de erros, pela qual se pode ver o quão diferente eu concebi e expus a questão, tendo Kant e Cabanis como predecessores. Toda a dianoiologia e a psicologia são construídas sobre o falso dualismo cartesiano: assim, em toda a obra, tudo tem de ser a ele reconduzido *por todos os meios, lícitos ou ilícitos*[80], inclusive muitos fatos interessantes e corretos que ela apresenta. Todo o procedimento é interessante como tipo.

---

80. *per fas et nefas.*

13
Esclarecimentos ulteriores sobre a filosofia de Kant

Uma passagem de Pope (Works, vol. 6, p. 374, edição da Basileia), escrita cerca de 80 anos antes, seria muito adequada para o lema da *Crítica da razão pura*: "já que é razoável duvidar da maioria das coisas, deveríamos duvidar principalmente daquela nossa razão que demonstraria todas as coisas"[81].

O espírito próprio da filosofia de Kant, seu pensamento fundamental e seu verdadeiro significado, podem ser apreendidos e apresentados de diversas maneiras: mas essas diferentes formas e expressões do problema, de acordo com a diversidade de pensamentos, serão uma mais adequada do que a outra para abrir a esta ou àquela pessoa a compreensão correta dessa doutrina muito profunda e, portanto, difícil. O que se segue é mais uma tentativa desse tipo, na qual me esforço para esclarecer a profundidade de Kant[82].

À matemática subjazem *intuições* nas quais suas provas se baseiam: como essas intuições não são empíricas, mas *a priori*, suas doutrinas são

---

81. since 'tis reasonable to doubt most things, we should most of all doubt that reason of ours which would demonstrate all things.

82. Observo aqui, de uma vez por todas, que o número da página da primeira edição da *Crítica da razão pura*, de acordo com o que citarei, também está anexado à edição de Rosenkranz.

apodícticas. A filosofia, por outro lado, tem meros *conceitos* como o dado a partir do qual ela procede e que devem conferir necessidade (apodicticidade) às suas provas. Pois ela não pode se basear na mera observação empírica, já que se esforça para explicar o universal das coisas, e não o particular, sendo sua intenção ir além do empiricamente dado. Só lhe restam, então, os conceitos universais, já que estes não são intuídos ou puramente empíricos. Tais conceitos devem, portanto, formar o fundamento de suas doutrinas e provas, e devem ser assumidos como existentes e dados. Dessa forma, a filosofia é uma ciência de meros *conceitos*, enquanto a matemática é uma ciência da *construção* (exposição intuitiva) de seus conceitos. Estritamente falando, no entanto, é apenas a demonstração da filosofia que procede de meros conceitos. Pois a filosofia, como a matemática, não pode partir de uma *intuição*, já que essa intuição deve ser ou puramente *a priori* ou empírica: esta última não fornece apodicticidade; e apenas a matemática nos dá a primeira. Se, portanto, a filosofia deseja de alguma forma apoiar suas doutrinas por meio de demonstração, isso deve consistir na dedução lógica correta dos conceitos nos quais elas se fundamentam. – Isso foi feito com bastante êxito durante todo o longo período escolástico e até mesmo na nova época fundada por Descartes, de modo que ainda vemos Espinosa e Leibniz seguindo esse método. Mas, por fim, coube a Locke examinar a origem dos conceitos, e o resultado foi que todos os conceitos universais, por mais abrangentes que sejam, são extraídos da experiência, ou seja, provêm ou do mundo aí adiante, sensivelmente intuído e empiricamente real, ou da experiência interna, tal como é fornecida a cada um pela auto-observação empírica, e, portanto, haurem todo o seu conteúdo apenas a partir delas. Consequentemente, os conceitos universais jamais podem fornecer mais do que a experiência externa ou interna aí colocou. A partir disso, deveria ter sido concluído, estritamente falando, que eles nunca podem conduzir além da experiência, ou seja, nunca podem atingir a finalidade: mas Locke, com os princípios extraídos da experiência, foi além da experiência.

Em contraposição ao anterior e corrigindo a doutrina lockiana, Kant mostrou agora que existem de fato alguns conceitos que constituem uma exceção à regra acima e, portanto, não se originam da experiência; mas, ao mesmo tempo, também que esses mesmos conceitos são parcialmente extraídos da intuição pura, isto é, *a priori*, de espaço e tempo, e em parte constituem as funções peculiares do nosso próprio entendimento, com o propósito de guiar a experiência em seu uso. Consequentemente, sua validade se estende apenas à experiência possível, que deve sempre ser mediada pelos sentidos, na medida em que eles próprios são meramente destinados a gerar essa experiência em nós mediante o estímulo da percepção sensível, juntamente com seu procedimento legalmente regulado. Kant mostra que estes conceitos, portanto, desprovidos de conteúdo em si mesmos, aguardam todo o material e conteúdo apenas da *sensibilidade*, a fim de produzir experiência com ela. Mas, fora isso, eles não têm conteúdo nem significado, pois são válidos apenas na condição da intuição que se baseia na percepção sensível, referindo-se essencialmente a ela. Disso decorre agora que os conceitos não podem fornecer os guias para nos conduzir além de toda possibilidade de experiência; e disso decorre novamente que a *metafísica*, como ciência daquilo que está além da natureza, ou seja, precisamente além da possibilidade de experiência, é *impossível*.

Ora, como uma parte componente da experiência, a saber, a parte universal, formal e legal, é cognoscível *a priori* – e, por essa mesma razão, baseia-se nas funções essenciais e legais de nosso próprio intelecto –, a outra, a saber, a particular, material e contingente, surge da impressão sensível. Ambas, portanto, são de origem *subjetiva*. Disso decorre que toda a experiência, juntamente com o mundo que nela se apresenta, é mero *fenômeno*, ou seja, algo que existe primária e diretamente apenas para o sujeito que a conhece: no entanto, esse fenômeno aponta para alguma *coisa-em-si* subjacente, que, no entanto, como tal, é absolutamente incognoscível. – Esses são os resultados negativos da filosofia de Kant.

Devo lembrar que Kant age como se fôssemos seres meramente cognoscentes e, portanto, não tivéssemos absolutamente nenhum dado além da *representação*; no entanto, possuímos outro, *toto genere* dela diverso, que é a *vontade* em nós. Ele também levou isso em consideração, não na filosofia teórica, mas apenas na filosofia prática, que para ele devem ser completamente separadas. Ou seja, a vontade foi considerada apenas para estabelecer o fato do significado puramente moral de nossas ações e para estabelecer, com base nisso, uma doutrina moral da fé como um contrapeso à ignorância teórica – e, consequentemente, também como contrapeso à impossibilidade de toda teologia – à qual estamos sujeitos, segundo o que foi dito acima.

A filosofia de Kant também é, em contraposição e até mesmo em contraste com todas as outras, chamada de *filosofia transcendental* ou, mais precisamente, *idealismo transcendental*. O termo *transcendente* não é de origem matemática, mas filosófica, pois já era familiar aos escolásticos. Foi introduzido pela primeira vez na matemática por Leibniz para denotar *o que transcende a álgebra*[83], ou seja, todas aquelas operações para as quais a aritmética e a álgebra comuns não são suficientes, tais como encontrar o logaritmo de um número ou vice-versa; encontrar as funções trigonométricas de um arco de forma puramente aritmética ou vice-versa; em geral, todos os problemas que só podem ser resolvidos por um cálculo continuado ao infinito. Os escolásticos, entretanto, designavam como transcendentes os conceitos mais elevados, ou seja, aqueles que eram ainda mais universais do que as dez categorias de Aristóteles: Espinosa ainda usa a palavra nesse sentido. Giordano Bruno (*Della causa* etc. dial. 4.) chama de *transcendentes* os predicados que são mais universais do

---

83. *quod Algebrae vires transscendit.*

que a distinção entre a substância corpórea e a incorpórea, e que, portanto, pertencem à substância em geral: tais predicados dizem respeito, segundo ele, àquela raiz comum na qual o corpóreo é uno com o incorpóreo, e que é a verdadeira substância primordial; com efeito, ele vê nisso uma prova de que deve haver tal substância. Finalmente, Kant entende por *transcendental*, em primeiro lugar, o reconhecimento do *a priori* e, portanto, meramente formal em nosso conhecimento *enquanto tal*; isto é, a intelecção de que tal conhecimento é independente da experiência, que ele mesmo prescreve a regra imutável segundo a qual a experiência deve ocorrer; juntamente com a compreensão da razão pela qual tal conhecimento é assim e tem esse poder; a saber, pela razão de que ele constitui a *forma* de nosso intelecto; ou seja, em decorrência de sua origem subjetiva. Consequentemente, apenas a crítica da razão pura é realmente transcendental. Em contrapartida a isso, ele chama de *transcendente* o uso – ou melhor, o abuso – daquilo que é puramente formal em nosso conhecimento além da possibilidade de experiência: ele também chama isso de hiperfísico. Assim, em resumo, *transcendental* significa "antes de toda experiência"; transcendente, por outro lado, "além de toda experiência". Assim, Kant admite a metafísica apenas como filosofia transcendental, ou seja, como a doutrina do formal *enquanto tal* contido em nossa consciência cognoscente, e da limitação provocada por ela, em virtude da qual o conhecimento das coisas em si é impossível para nós, uma vez que a experiência não pode fornecer nada além de meros fenômenos. A palavra metafísica, no entanto, não é, para Kant, exatamente sinônimo de transcendental: pois ele chama de metafísico tudo o que é certo *a priori* e que diz respeito à experiência; por outro lado, ele chama de transcendental apenas o ensinamento de que o que é certo *a priori* o é precisamente em função de sua origem subjetiva e como algo puramente formal. *Transcendental* é a filosofia que entende que as primeiras e mais essenciais leis deste mundo que se apresenta a nós estão enraizadas em nosso cérebro e, portanto, são conhecidas *a priori*. Ela é chamada de *transcendental* porque *vai além* de toda a fantasmagoria dada até sua origem. Portanto, como já dito, somente a *Crítica da razão pura* e a filosofia crítica (isto é, kantiana) em geral são transcendentais[84]: metafísicos, por outro lado, são os *Primeiros princípios metafísicos da ciência da natureza*, também os da *Princípios metafísicos da doutrina da virtude*, e assim por diante.

No entanto, o conceito de uma filosofia transcendental ainda pode ser compreendido em um sentido mais profundo se tentarmos concentrar nele o espírito mais íntimo da filosofia de Kant, por exemplo da seguinte maneira. Que o mundo inteiro nos é dado apenas de modo *secundário*, como uma representação, uma imagem em nossa cabeça, um fenômeno cerebral, ao passo que nossa própria vontade nos é dada diretamente na autoconsciência; que, portanto, ocorre uma separação, na verdade um contraste, entre nossa

---

84. A *Crítica da razão pura* transformou a ontologia em dianoiologia.

própria existência e a do mundo, – tudo isso é uma simples consequência de nossa existência individual e animal e cessa com o fim desta. Até aqui, no entanto, é impossível suprimirmos em pensamento essa forma fundamental e primordial de nossa consciência, que é o que chamamos de divisão em sujeito e objeto, porque todo pensamento e representação a tem como pré-condição: portanto, sempre a deixamos permanecer e contar como a essência primordial e a constituição fundamental do mundo, quando, na verdade, ela é apenas a forma de nossa consciência animal e dos fenômenos mediados por ela. No entanto, daí surgem todas as perguntas sobre o início, o fim, os limites e a origem do mundo, sobre nossa própria permanência após a morte etc. Portanto, todas elas se baseiam em uma falsa pressuposição que atribui à coisa em si aquilo que é apenas a forma do fenômeno, ou seja, das representações transmitidas por uma consciência animal e cerebral e, portanto, que a considera como a constituição originária e fundamental do mundo. Esse é o sentido da expressão de Kant: todas essas questões são *transcendentes*. Portanto, elas são irrespondíveis, quer sejam consideradas do ponto de vista subjetivo, quer quando consideradas por si mesmas e em si mesmas, ou seja, de modo *objetivo*. Pois são problemas que desaparecem inteiramente com a supressão de nossa consciência cerebral e a oposição nela fundamentada, mas que foram postos como se pudessem ser independentes dela. Quem pergunta, por exemplo, se sua vida continua após a morte, suprime, *in hypothesi*, sua consciência cerebral animal; mas pergunta sobre algo que existe apenas sob sua pressuposição, na medida em que depende de sua forma, a saber, depende de sujeito, objeto, espaço e tempo; isto é, pergunta sobre sua existência individual. Ora, uma filosofia que traz à consciência clara todas essas condições e limitações *enquanto tais* é uma filosofia transcendental e, na medida em que reivindica as determinações fundamentais universais do mundo objetivo para o sujeito, é *idealismo transcendental*. – Gradualmente, perceberemos que os problemas da metafísica só são insolúveis na medida em que as próprias perguntas já contêm uma contradição.

Entretanto, o idealismo transcendental não contesta a realidade empírica do mundo aí disponível, mas apenas afirma que essa não é uma realidade incondicional, pois tem como condição as nossas funções cerebrais, das quais surgem as formas de intuição, ou seja, o tempo, o espaço e a causalidade; que, portanto, essa própria realidade empírica é apenas a realidade de um fenômeno. Se, então, uma multiplicidade de seres se apresenta a nós, dos quais sempre um desaparece e outro passa a existir, sabemos que a multiplicidade só é possível por meio da forma da intuição do espaço, e que o desaparecimento e o surgimento são possíveis por meio da forma do tempo. Reconhecemos, assim, que tal rumo dos acontecimentos não tem realidade *absoluta*, ou seja, que ele próprio não pertence à essência daquilo que se apresenta nesse fenômeno. Se pudéssemos retirar essas formas de cognição, assim como se retira o vidro do caleidoscópio, teríamos diante de nós, para nosso espanto, essa essência como algo uno e permanente, como imperecível, imutável e, sob toda mudança aparente, talvez até mesmo nas determinações individuais, como algo idêntico. De acordo com essa perspectiva, as três proposições a seguir podem ser estabelecidas:

> A única forma de realidade é o presente: somente nele o real pode ser encontrado imediatamente, estando nele sempre completa e totalmente contido.
>
> O verdadeiro real é independente do tempo, ou seja, é único e o mesmo em todos os momentos.
>
> O tempo é a forma da intuição de nosso intelecto e, portanto, alheio à coisa em si.

Essas três proposições são basicamente idênticas. Quem quer que reconheça claramente tanto sua identidade quanto sua verdade fez um grande progresso na filosofia, na medida em que compreendeu o espírito do idealismo transcendental.

De qualquer forma, quão grandiosa não é a doutrina de Kant sobre a idealidade do espaço e do tempo, que ele expôs de forma tão seca e sem adornos, enquanto nada emerge das divagações pomposas, pretensiosas e deliberadamente incompreensíveis dos três conhecidos sofistas, que atraíram a atenção de um público indigno de Kant. Antes de Kant, pode-se dizer, nós estávamos no tempo; agora, o tempo está em nós. No primeiro caso, o tempo é *real*, e somos consumidos por ele, como tudo o que está nele. No segundo caso, o tempo é *ideal*: ele está em nós. Nesse caso, desaparece a questão do futuro após a morte. Pois se eu não sou, então não há mais tempo. Apenas um fenômeno enganoso me mostra um tempo que continua sem mim, após minha morte: todas as três partes do tempo, passado, presente e futuro, são igualmente meu produto, pertencem a mim; mas eu não pertenço a nenhuma delas em detrimento de outra. – Além disso, outra consequência que poderia ser extraída da proposição de que o tempo não pertence à essência em si das coisas seria a seguinte: em algum sentido, o que é passado *não* é passado, mas tudo o que já existiu real e verdadeiramente deve, no fundo, ainda existir; pois o tempo se assemelha a uma cachoeira teatral que parece fluir torrencialmente, quando na verdade é uma simples roda que não sai do lugar. – De modo análogo, já há muito tempo, na minha obra principal, comparei o espaço a um vidro cortado em facetas, o que nos permite ver aquilo que existe de modo simples em inúmeras reproduções. Se mergulharmos ainda mais no assunto, ainda que correndo o risco de chegar ao arrebatamento, pode nos ocorrer que, com uma presentificação muito vívida de nosso próprio passado distante, tenhamos a convicção imediata de que o tempo não toca a própria essência das coisas, mas apenas se interpõe entre elas e nós como um simples meio da percepção que, uma vez removido, traria as coisas de volta; assim como, por outro lado, nossa própria faculdade de memória, tão fiel e vívida, na qual aquilo que já passou há muito tempo mantém uma existência imperecível, dá testemunho de que também há algo em nós que não envelhece conosco e que, portanto, não está no domínio do tempo.

A principal tendência da filosofia de Kant é demonstrar a completa *diferença entre o real e o ideal*, depois de Locke já ter aberto o caminho para isso. – Superficialmente, pode-se dizer: o *ideal* é a forma intuitiva que se manifesta espacialmente com todas as suas qualidades perceptíveis; o *real*, por outro lado, é a coisa em si e por si, independentemente de ser representada no intelecto de outra pessoa ou no nosso próprio. Mas é difícil traçar a linha entre os dois e, no entanto, é exatamente isso que importa. Locke demonstrou que tudo naquela forma que é cor, som, lisura, aspereza, dureza, maciez, frio, calor etc. (qualidades secundárias) é meramente *ideal* e, portanto, não pertence à coisa em si; porque nessas qualidades não nos é dado o ser e a essência, mas meramente a ação da coisa, e de fato uma ação determinada muito unilateralmente, a saber, aquela sobre a receptividade especificamente definida de nossos cinco órgãos dos sentidos, em virtude da qual, por exemplo, o som não age sobre o olho e a luz não age sobre o ouvido. De fato, a ação dos corpos sobre as faculdades sensíveis consiste meramente em acioná-las em sua atividade própria; quase como quando eu puxo a corda que aciona um relógio musical. Locke, por outro lado, ainda deixou a extensão, a forma, a impenetrabilidade, o movimento ou repouso e o número – que ele, portanto, chamou de qualidades primárias – como o *real*, que pertenceria à coisa em si. Com uma ponderação infinitamente superior, Kant mostrou mais tarde que mesmo essas qualidades não podem pertencer à natureza puramente objetiva das coisas, ou à coisa em si, e, portanto, não podem ser simplesmente *reais*; porque elas são condicionadas pelo espaço, tempo e causalidade, mas essas, e de fato toda a sua legalidade e constituição, são-nos dadas *antes* de toda experiência e são conhecidas com precisão; portanto, elas devem estar pré-formadas em nós, assim como a natureza específica da receptividade e atividade de cada um de nossos sentidos. Por conseguinte, eu afirmei de modo inequívoco que essas formas são a quota de participação do cérebro na intuição, assim como as sensações específicas são as formas dos respectivos órgãos dos sentidos[85]. Segundo Kant, a essência puramente objetiva das coisas independente de nossa representação e de seu aparato, que ele chama de coisa em si – ou seja, o real de fato, em contraste com o ideal –, é algo inteiramente diferente da forma que se manifesta intuitivamente para nós, não sendo possível atribuir extensão ou duração à coisa em si, já que ela deve ser independente do espaço e do tempo, embora seja ela que concede o poder de existir a tudo o que tem extensão e duração. Espinosa também compreendeu a questão em geral, como pode ser visto em *Ética*, parte II, prop. 16 com o 2º corolário; também prop. 18, escólio.

Em Locke, o real é, em contraste com o ideal, essencialmente matéria despojada de todas as propriedades, as quais ele elimina como secundárias, ou seja, como condicionadas por nossos órgãos

---

85. Assim como é o nosso olho que produz o verde, o vermelho e o azul, também é o *nosso cérebro* que produz o *tempo*, o *espaço* e a *causalidade* (cujo abstrato objetivo é a *matéria*). – Minha *intuição* de um corpo no espaço é o produto de minhas funções cerebrais e sensoriais mais x.

dos sentidos; mas ainda é uma coisa existente em si e para si, como uma coisa extensa etc., cujo mero reflexo ou cópia é sua representação em nós. Relembro, aqui, que mostrei (*Sobre a quadrúplice raiz*, 2. ed., p. 77; 3. ed., p. 82, e, de forma menos extensa, no *Mundo como vontade e representação*, 2. ed., vol. 1, p. 9 e vol. 2, p. 48; 3. ed., vol. 2, p. 48). que a essência da matéria consiste inteiramente em sua ação, que a matéria é, portanto, causalidade de ponta a ponta, e que, uma vez concebida como tal, sem qualquer qualidade particular, ou seja, sem qualquer tipo específico de ação, ela é ação, ou causalidade pura, desprovida de todas as determinações próximas, causalidade *in abstracto*; que, para uma compreensão mais completa, remeto à passagem supracitada. Mas agora Kant já nos ensinou, embora eu tenha sido o primeiro a dar a prova correta disso, que toda causalidade é apenas uma forma de nosso entendimento e, portanto, existe apenas para o entendimento e no entendimento. Daqui em diante, veremos que aquela suposta matéria real de Locke é revertida inteiramente para o ideal e, portanto, para o sujeito, ou seja, existe apenas na representação e para a representação. – Kant, no entanto, já havia, em sua exposição, retirado a materialidade do real, ou da coisa em si: para ele, ela permaneceu apenas como um x completamente desconhecido. Mas eu finalmente provei que a vontade em nós é o verdadeiramente real, ou a coisa em si, a única que tem uma existência real independente da representação e de suas formas; enquanto até então ela tinha sido inquestionavelmente classificada como ideal. Será visto a seguir que Locke, Kant e eu estamos em conexão exata, pois apresentamos, no espaço de quase dois séculos, o desenvolvimento gradual de uma linha de pensamento coerente e até mesmo uniforme. David Hume também deve ser considerado um elo nessa cadeia, embora, na verdade, apenas com relação à lei da causalidade. Com respeito a ele e sua influência, devo agora acrescentar o seguinte à descrição acima.

Locke, bem como Condillac, que seguiu seus passos, e os discípulos deste último, mostram e explicam que a sensação que ocorre em um órgão dos sentidos deve ter uma causa fora de nosso corpo e, consequentemente, que às diferenças de tal efeito (sensação dos sentidos) também devem corresponder diferenças nas causas; finalmente, explicam o que tais diferenças poderiam ser; daí surge a distinção acima mencionada entre qualidades primárias e secundárias. Com isso, eles concluem e afirmam que existe um mundo objetivo no espaço, consistindo em nada além de coisas em si mesmas, que são de fato incolores, inodoras, silenciosas, nem quentes nem frias etc., mas extensas, formadas, impenetráveis, móveis e tangíveis. Mas o próprio axioma em virtude do qual ocorreu a transição do interno para o externo e, consequentemente, toda a derivação e instalação das coisas em si – ou seja, a lei da causalidade –, eles, como todos os filósofos anteriores, tomaram como evidente e não submeteram sua validade a nenhum exame. Foi a isso que Hume dirigiu seu ataque cético, lançando dúvidas sobre a validade dessa lei; porque a experiência da qual, de acordo com essa mesma filosofia, todo o nosso conhecimento deveria derivar nunca pode fornecer a própria conexão causal, mas sempre apenas a mera sucessão de estados no tempo, ou seja, nunca uma consequência, mas uma reles sequência que, como tal, sempre se mostra apenas acidental, nunca necessária. Esse argumento, já repugnante para o senso comum, mas não facilmente refutado, levou Kant a investigar a verdadeira origem do conceito de causalidade: donde ele constatou que tal conceito se encontrava na forma essencial e inata de nosso próprio entendimento, ou seja, no sujeito, e não no objeto, já que não nos foi ensinado de fora. Com isso, porém, todo o mundo objetivo de Locke e Condillac foi novamente atraído para o sujeito, já que Kant havia provado que seu fio condutor era de origem subjetiva. Pois, assim como a impressão sensível é subjetiva, também é subjetiva a regra segundo a qual ela deve ser considerada como o efeito de uma causa. Esta causa é considerada unicamente como o mundo objetivo, na medida em que o sujeito assume um objeto externo meramente em decorrência da peculiaridade de seu intelecto de pressupor uma causa para cada mudança; na verdade ele apenas o projeta para fora de si mesmo em um espaço preparado para essa finalidade, que é ele próprio também um produto de sua própria e originária constituição, assim como a sensação específica nos órgãos dos sentidos, por ocasião da qual todo o processo ocorre. O mundo objetivo das coisas em si de Locke foi, então, transformado por Kant em um mundo de meros fenômenos em nosso aparato cognitivo. E isso ocorreu de forma ainda mais completa, uma vez que não só o espaço no qual esse mundo se manifesta, como também o tempo no qual ele transcorre, foi provado por ele como sendo de origem inegavelmente subjetiva. Com tudo isso, no entanto, e tal como Locke, Kant ainda deixou subsistir a coisa em si, ou seja, algo independente de nossas representações. As representações nos fornecem meros fenômenos, e as coisas em si estariam na base desses mesmos fenômenos. Por mais que Kant tivesse razão também a esse respeito, a justificação para tanto não pode ser derivada dos princípios por ele estabelecidos. Esse foi, portanto, o calcanhar de Aquiles de sua filosofia, que, em virtude da demonstração dessa inconsistência, teve que perder o reconhecimento da validade e da verdade incondicionais que já havia conquistado. Em última instância, contudo, ela foi injustiçada. Pois, certamente, a suposição de uma coisa em si por trás dos fenômenos, um núcleo real entre tantas cascas, não é de forma alguma falsa; ao contrário, sua negação seria absurda; apenas a maneira pela qual Kant introduziu essa coisa em si e procurou uni-la a seus princípios foi errônea. Basicamente, portanto, foi apenas sua exposição (essa palavra tomada no sentido mais abrangente) do tema, não o próprio tema, que foi derrubada pelos seus oponentes e, nesse sentido, pode-se afirmar que a argumentação apresentada contra ele foi, na verdade, apenas *ad hominem*, não *ad rem*. De qualquer forma, o provérbio indiano se aplica aqui novamente: não há lótus sem caule. Kant foi guiado pelo sentimento da verdade segura de que por trás de todo fenômeno há algo em si do qual ele deriva sua existência, ou seja, por trás da representação há algo representado. Mas ele se propôs a derivá-la da própria representação dada, guiando-se por suas leis que nos são conhecidas *a priori* e que, no entanto, justamente por serem *a priori*, não podem levar a algo independente e diferente do fenômeno ou da representação; e é por isso que se deve seguir um caminho bastante diferente. As inconsistências nas quais se envolveu Kant, através do curso errôneo que adotou a esse respeito, foram apontadas por G. E. Schulze, que, em sua maneira pesada e prolixa, expôs o assunto, primeiro anonimamente no *Enesidemo* (especialmente pp. 374-381), e depois em sua *Crítica da filosofia teórica* (vol. 2, pp. 205 e seg.); contra a qual Reinhold conduziu a defesa de Kant, mas sem sucesso particular, de modo que essa questão teve que terminar com *isto poderia ser dito e não poderia ser refutado*[86].

Gostaria de destacar aqui, à minha maneira e de forma bastante clara, a verdadeira essência da questão que está por trás de toda a controvérsia, independentemente da posição de Schulze a seu respeito. – Kant nunca fez uma derivação estrita da coisa em si; em vez disso, ele a herdou de seus predecessores, a saber, Locke, e a manteve como algo cuja existência não deve ser posta em dúvida, uma vez que é compreensível por si só; de certo modo, ele precisou fazer isso. Segundo as descobertas de Kant, nosso conhecimento empírico contém um elemento que é comprovadamente de origem subjetiva e outro do qual isso não é verdade: este

---

86. *haec potuisse dici, et non potuisse refelli.*

último, portanto, permanece objetivo, porque não há razão para considerá-lo subjetivo. Assim, o idealismo transcendental de Kant nega a essência objetiva das coisas, ou sua realidade independente de nossa apreensão, até o ponto em que o *a priori* se estende em nosso conhecimento; mas não mais que isso, porque a razão para negá-lo não vai além: o que se encontra além disso, ele deixa subsistir, isto é, todas as propriedades das coisas que não podem ser construídas *a priori*. Pois de forma alguma toda a essência das aparições dadas, ou seja, o mundo corpóreo, é determinável por nós *a priori*, mas meramente a forma geral de seu fenômeno, e isso pode ser remetido até o espaço, o tempo e a causalidade, juntamente com toda a legalidade dessas três formas. Por outro lado, o que é deixado indeterminado por todas essas formas existentes *a priori*, ou seja, o que é acidental com relação a elas, é precisamente a manifestação da coisa em si mesma. Ora, o conteúdo empírico das aparições, isto é, cada determinação mais próxima delas, cada qualidade física que aparece nelas, não pode ser conhecida a não ser *a posteriori*: essas propriedades empíricas (ou melhor, a fonte comum delas), permanecem, portanto, na coisa em si mesma, como expressões de sua essência mais própria, por meio de todas essas formas *a priori*. Esse *a posteriori* que se manifesta em todo fenômeno como que envolvido no *a priori*, e que confere a cada ser seu caráter particular e individual, é, portanto, o *material* do mundo do fenômeno, em contraste com sua *forma*. Ora, esse material não deve, de modo algum, ser derivado das formas das aparições pertencentes ao sujeito, que Kant tão cuidadosamente investigou e certamente comprovou pelo atributo do *a priori*. Antes, ele continua existindo depois de subtraído tudo o que decorre das aparições, portanto como um segundo elemento completamente distinto de fenômeno empírico e como um atributo estranho a essas formas. Por outro lado, ele de modo algum provém da arbitrariedade do sujeito cognoscente, sendo antes frequentemente oposto a ela. Por isso, Kant não hesitou em deixar esse material do fenômeno para a coisa em si, ou seja, considerou-o como vindo inteiramente de fora; já que ele deve vir de algum lugar, ou, como Kant expressa, deve ter algum fundamento. Mas como não podemos, de forma alguma, isolar tais propriedades, que só são cognoscíveis *a posteriori*, e apreendê-las separadamente e purificadas das propriedades certas *a priori*, já que elas sempre aparecem envolvidas nestas, Kant ensina que apenas sabemos da *existência* das coisas em si, mas nada além disso, ou seja, só sabemos *que elas são*, mas não *o que são*; logo, a essência das coisas em si permanece para ele como uma quantidade desconhecida, um x. Pois a forma do fenômeno em toda parte encobre e oculta a essência da coisa em si. O máximo que pode ser dito é o seguinte: essas formas *a priori* estão presentes, sem distinção, em todas as coisas como fenômenos, na medida em que procedem de nosso intelecto; as coisas, no entanto, exibem diferenças muito relevantes; logo, aquilo que determina essas diferenças, ou seja, que determina a diferença específica das coisas, é a coisa em si.

Visto por esse ângulo, a suposição e o pressuposto de Kant das coisas em si, não obstante a subjetividade de todas as nossas formas de conhecimento, parecem bastante justificados e bem fundamentados. No entanto, eles se mostram insustentáveis se examinarmos seu único argumento, a saber, o conteúdo empírico em todos os fenômenos, e o rastrearmos até sua origem. De fato, no conhecimento empírico e em sua fonte, a representação intuitiva, há um *material* independente de sua forma conhecida *a priori*. A próxima pergunta é se esse material é de origem objetiva ou subjetiva, porque somente no primeiro caso ele pode garantir a coisa em si. Se, portanto, rastrearmos sua origem, não a encontraremos em nenhum outro lugar senão em nossa *sensação*, pois é uma modificação que ocorre na retina do olho, ou no nervo auditivo, ou nas pontas dos dedos, que inicia a representação intuitiva, ou seja, que primeiro coloca em ação todo o aparato de nossas formas de conhecimento prontas *a priori*, cujo resultado é a percepção de um objeto externo. A *lei da causalidade* é primeiramente aplicada a essa modificação sentida nos órgãos sensíveis por meio de uma função necessária e inevitável do entendimento *a priori*: essa lei, com sua certeza e segurança *a priori*, remete a uma *causa* dessa modificação, que, uma vez que não depende da escolha do sujeito, agora se apresenta como algo *externo* a ele, como uma propriedade que recebe seu significado apenas por meio da forma do *espaço*. Essa forma do espaço, no entanto, é também adicionada pelo próprio intelecto do sujeito para tal propósito. Agora, portanto, aquela *causa*, que deve necessariamente ser pressuposta, apresenta-se imediatamente de forma intuitiva como um *objeto* no espaço, que carrega, como suas propriedades, as modificações provocadas por aquela causa em nossos órgãos sensíveis. Todo esse processo é explicado em detalhes e minuciosamente em meu tratado sobre o princípio de razão, § 21. Mas a sensação, que é o ponto de partida desse processo e, indiscutivelmente, fornece todo o *material* para a intuição empírica, é algo inteiramente *subjetivo*. Assim, uma vez que, de acordo com a prova bastante correta de Kant, todas as *formas* de conhecimento pelas quais a representação intuitiva objetiva surge desse material e é projetada para o exterior também são de origem subjetiva, fica claro que tanto o material quanto a forma da representação intuitiva emergem do sujeito. Assim, todo o nosso conhecimento empírico se resolve em duas partes constituintes, ambas com origem em nós mesmos, a saber, a percepção sensível e as formas dadas *a priori* do tempo, espaço e causalidade, que se encontram nas funções de nosso intelecto, ou cérebro – às quais, a propósito, Kant acrescentou onze outras categorias do entendimento, que eu mostrei serem supérfluas e inadmissíveis. Consequentemente, a representação intuitiva e nosso conhecimento empírico baseado nela não fornecem, na verdade, nenhum dado para conclusões sobre as coisas em si, e Kant, de acordo com seus princípios, não estava autorizado a assumi-las. A filosofia de Locke, assim como todas as anteriores, havia adotado a lei da causalidade como absoluta e, portanto, estava autorizada a inferir, a partir da sensação, coisas externas realmente existentes de modo independente de nós. Essa transição do efeito para a causa é, no entanto, a única maneira de passar do interior e subjetivamente dado para o exterior e objetivamente existente. Mas, depois que Kant reivindicou a lei da causalidade para a forma cognoscente do sujeito, esse caminho não estava mais aberto para ele. Ademais, ele mesmo também advertiu com frequência suficiente contra o uso transcendente da categoria de causalidade, ou seja, um uso que vai além da experiência e de sua possibilidade.

Com efeito, a coisa em si nunca pode ser alcançada dessa forma, e de modo algum por meio do conhecimento puramente *objetivo*, que sempre permanece uma representação, mas que, como tal, está enraizado no sujeito e nunca pode fornecer algo realmente diferente da representação. Somente é possível chegar à coisa em si se modificarmos o ponto de vista, ou seja, se, em vez de sempre partirmos daquilo que *representa*, como sempre se fez, partirmos daquilo que é *representado*. Mas só o podemos fazer com respeito a uma única coisa, que também nos é acessível internamente e, portanto, dada de duas maneiras: é nossa própria carne[87], que, no mundo objetivo, também está aí como uma representação no espaço, mas ao mesmo tempo se dá a conhecer à própria *autoconsciência* como *vontade*. Dessa forma, no entanto, a carne fornece

---

87. "Leib", em alemão. Há duas palavras para "corpo" em alemão: *Körper* e *Leib*. "Körper" denota o aspecto meramente coisal do corpo, o corpo como mera coisa extensa. "Leib" designa nosso corpo vivo, o corpo que somos, que age etc. Preferimos designar "Leib" por "carne" para marcar essa diferença [N.T.].

a chave, primeiro para a compreensão de todas as suas ações e movimentos provocados por causas externas (aqui, motivos), os quais, sem essa intelecção interna e imediata de sua essência, permaneceriam tão incompreensíveis e inexplicáveis para nós quanto as mudanças das outras carnes, dadas a nós apenas pela intuição objetiva, que ocorrem de acordo com as leis naturais e como manifestações de forças naturais; e, assim, a vontade também nos fornece a chave para a compreensão do *substrato* permanente de todas essas ações, no qual as forças para realizá-las se enraízam – qual seja, a própria carne. Esse conhecimento imediato que cada um tem da essência de seu próprio fenômeno, que, assim como todos os fenômenos, também lhe é dado apenas na intuição objetiva, deve ser posteriormente transferido por analogia para os demais fenômenos que são dados apenas dessa última maneira, e então se torna a chave para o conhecimento da essência íntima das coisas, ou seja, das coisas em si mesmas. Só podemos alcançar tal conhecimento de um modo totalmente diferente do conhecimento puramente *objetivo*, que continua sendo mera representação, a saber, a partir da *autoconsciência* do sujeito do conhecimento, que sempre aparece apenas como um indivíduo animal, e fazendo dela a intérprete da *consciência de outras coisas*, ou seja, intérprete do intelecto intuitivo. Esse é o caminho que percorri, e é o único caminho correto, a porta estreita para a verdade.

Em vez de seguir esse caminho, confundiram a exposição de Kant com a essência da questão, acreditaram que refutando a primeira também refutariam esta última, consideraram o que era basicamente apenas *argumenta ad hominem* como *argumenta ad rem* e, assim, como resultado desses ataques de Schulze, declararam a filosofia de Kant insustentável. – Isso preparou o terreno para os sofistas e os fanfarrões. O primeiro desse tipo foi Fichte, que, como a coisa em si acabara de ser desacreditada, rapidamente produziu um sistema sem qualquer coisa em si, rejeitando assim a suposição de qualquer coisa que não fosse meramente nossa representação, permitindo que o sujeito cognoscente fosse tudo em tudo, ou pelo menos produzisse tudo por seus próprios meios. Para esse fim, ele aboliu imediatamente o essencial e mais meritório da doutrina de Kant, a distinção entre o *a priori* e o *a posteriori* e, portanto, entre o fenômeno e a coisa em si, declarando que tudo é *a priori*, naturalmente sem provas para essa afirmação monstruosa: em vez disso, ele por vezes fazia demonstrações enganosas, sofísticas e até mesmo ridículas, cujo absurdo era ocultado sob o disfarce da profundidade e da incompreensibilidade que supostamente delas decorriam; por vezes, ele recorria, de forma ousada e impudente, à intuição intelectual, ou seja, à própria inspiração. Para um público desprovido de todo o poder de avaliação e indigno de Kant, isso foi, obviamente, suficiente: eles consideraram que exceder é superar e, portanto, declararam Fichte como um filósofo muito maior do que Kant. Com efeito, até hoje não faltam escritores filosóficos que se esforçam para impor a falsa fama tradicional de Fichte à nova geração e que afirmam seriamente que o que

Kant meramente tentou foi alcançado por Fichte: *ele* que seria de fato o correto. Com seu julgamento de Midas em segunda instância, esses senhores demonstram de forma tão palpável sua total incapacidade de entender Kant de todas as formas, na verdade demonstraram sua deplorável falta de entendimento em geral, que esperamos que a próxima geração, finalmente desapontada, tenha o cuidado de não desperdiçar seu tempo e suas inteligências com essas inúmeras histórias de filosofia e outros rabiscos. – Nessa ocasião, eu gostaria de lembrar um pequeno escrito que nos permite ver a impressão que a aparência pessoal e as atividades de Fichte causaram em contemporâneos imparciais: ele se chama *Kabinet Berliner Charaktere*[88] e foi publicado em 1808, sem local de impressão: diz-se que é de Buchholz, mas não tenho certeza disso. Se compararmos com isso o que o jurista Anselm von Feuerbach diz sobre Fichte em suas cartas publicadas por seu filho em 1852; da mesma forma, a correspondência de Schiller e Fichte, de 1847; teremos uma ideia mais correta desse filósofo de fachada.

Então Schelling, digno de seu predecessor, seguiu os passos de Fichte, mas os abandonou para proclamar sua própria invenção, a identidade absoluta do subjetivo e do objetivo, ou ideal e real, que implica que tudo o que espíritos raros, como Locke e Kant, separaram com incrível esforço de engenhosidade e reflexão, deveria simplesmente ser despejado de volta no mingau dessa identidade absoluta. Pois a doutrina desses

---

88. "Gabinete de personalidades berlinenses", em tradução livre [N.T.].

dois pensadores pode ser adequadamente descrita como a da *diversidade absoluta do ideal e do real, ou do subjetivo e do objetivo*. Mas agora, aberrações se seguem de aberrações. Uma vez introduzida a incompreensibilidade do discurso por Fichte, e uma vez colocada a aparência de profundidade no lugar do pensamento, plantou-se a semente da qual surgiria uma corrupção após a outra e, finalmente, a desmoralização completa da filosofia e de toda a literatura que surgiu em nossos dias. Schelling foi então seguido por uma criatura filosófica ministerial, Hegel, que, por intenções políticas e por um erro, foi carimbado a partir de cima como um grande filósofo, um charlatão ignorante, trivial, sem graça, repulsivo e nojento, que, com uma petulância sem precedentes, misturou desvarios e absurdos que foram proclamados como sabedoria imortal por seus venais seguidores e tomados como tal pelos tolos, o que resultou em um coro de completa admiração como nunca se ouviu antes[89]. A ampla eficácia espiritual que esse homem conseguiu à força resultou na corrupção intelectual de toda uma geração de estudiosos. O admirador dessa pseudofilosofia aguarda o escárnio da posteridade, que já está sendo precedido pela ridicularização por parte de seus *vizinhos*, que é doce de ouvir; – Ou não deveria soar bem aos meus ouvidos quando a nação, cuja casta erudita há trinta anos considera minhas realizações como nada e menos que nada, como indignas de um simples olhar, recebe de seus vizinhos a reputação de ter,

---

89. Consultar o prefácio de meu *Problemas fundamentais da ética*.

por trinta anos, venerado, até mesmo endeusado, como a mais alta e inaudita sabedoria, o totalmente ruim, o absurdo, o sem sentido, mas, ao mesmo tempo, servindo a fins materiais? Como um bom patriota, eu também deveria me deleitar com os elogios aos alemães e à germanidade, e me alegrar por ter pertencido a essa e a nenhuma outra nação? Mas é como diz o provérbio espanhol: cada um conta da feira conforme ela foi para si[90]. Vá até os bajuladores das massas e deixe que eles o elogiem. Charlatões eficientes, grosseiros, embevecidos por ministros, bem-comportados rabiscando bobagens, sem espírito e sem mérito, é o que pertence aos alemães; não homens como eu. – Esse é o testemunho que devo lhes dar na despedida. Wieland (*Cartas a Merck*, p. 239) chama de infortúnio o fato de ter nascido alemão: Bürger, Mozart, Beethoven e outros concordariam com ele, e eu também. Isso se baseia em que *é preciso ser sábio para que se venha a reconhecer um sábio*[91], ou *somente o espírito compreende o espírito*[92][93].

As partes mais brilhantes e meritórias da filosofia de Kant são, indiscutivelmente, as da *dialética transcendental*, que eliminou os fundamentos da teologia e a psicologia especulativas a tal ponto

---

90. *cada uno cuenta de la feria, como le va en ella.*

91. σοφὸν εἶναι δεῖ τὸν ἐπιγνωσόμενον τὸν σοφόν.

92. *il n'y a que l'esprit qui sente l'esprit.*

93. Hoje em dia, o estudo da filosofia de Kant ainda tem o benefício especial de ensinar o quanto a literatura filosófica na Alemanha afundou desde a *Crítica da razão pura*: suas investigações profundas se destacam sobremaneira em relação à tagarelice grosseira atual, na qual parece que ouvimos candidatos esperançosos de um lado e assistentes de barbeiros do outro.

que, desde então, mesmo com a melhor vontade do mundo, não foi possível erguê-las novamente. Que benefício para o espírito humano! Ou não vemos que, durante todo o período, desde o renascimento das ciências até Kant, os pensamentos até mesmo dos maiores homens tomam uma direção tortuosa, ou melhor, muitas vezes se tornam completamente distorcidos, em consequência desses dois pressupostos absolutamente intocáveis que paralisam todo o espírito, pressupostos estes primeiro afastados de, depois mortos para, toda investigação? As primeiras e mais essenciais visões fundamentais de nós mesmos e de todas as coisas não estariam distorcidas e falsificadas se partíssemos do pressuposto de que tudo é produzido e organizado a partir de fora, de acordo com conceitos e propósitos pensados a fundo por um ser pessoal e, portanto, individual? Da mesma forma, se partíssemos da ideia de que a essência fundamental do ser humano é o pensamento e que ele, o ser humano, consiste em duas partes totalmente heterogêneas que se juntaram e foram soldadas sem que se saiba como, e que então tinham que lidar uma com a outra da melhor forma possível, para logo se separarem novamente, querendo ou não[94], para sempre? A intensidade com que a crítica de Kant a essas ideias e seus fundamentos afetou todas as ciências é evidente pelo fato de que, desde então, pelo menos na mais alta literatura alemã, esses pressupostos ocorrem, na melhor das hipóteses, apenas em um sentido figurado, mas não são mais

---

94. *nolentes volentes.*

levados a sério: são deixados para os escritos para o povo e para os professores de filosofia que ganham a vida com eles. Nossas obras de ciências da natureza, em particular, mantêm-se limpas de tais coisas, enquanto as inglesas, por outro lado, degradam-se aos nossos olhos por meio de floreios e diatribes, ou apologias, que aludem a elas. Antes de Kant, naturalmente, as coisas eram bem diferentes a esse respeito: assim vemos, por exemplo, até mesmo o eminente Lichtenberg, cuja educação na juventude ainda era pré-kantiana, em seu ensaio *Sobre a fisionomia*, mantendo seriamente e com convicção essa oposição de alma e corpo e, assim, estragando sua causa. Quem quer que considere esse alto valor da dialética transcendental não achará supérfluo que eu o aborde um pouco mais especificamente aqui. Em primeiro lugar, portanto, submeto aos conhecedores e amantes da *Crítica da razão* a seguinte tentativa de formular o argumento na *Crítica da psicologia racional* de forma bastante diferente e de criticá-lo – tal como o argumento aparece de modo completo, apenas na primeira edição, aparecendo de modo castrado na seguinte. O argumento é criticado na p. 361ss. sob o título *Paralogismo da personalidade*. Pois a exposição certamente profunda de Kant não é apenas excessivamente sutil e difícil de entender, mas também deve ser reprovada por tomar o objeto da autoconsciência – ou, na linguagem de Kant, do sentido interno –, de modo repentino e sem autorização adicional, como o objeto de uma consciência alheia, até mesmo de uma intuição externa, para então julgá-lo segundo as leis e analogias do mundo corpóreo; de fato, ela se permite assumir dois tempos diferentes, um na consciência do sujeito julgado e outro na do sujeito que julga, os quais não são coincidentes. Por isso, eu daria ao argumento da personalidade mencionado anteriormente uma reviravolta completamente diferente e o apresentaria nas duas proposições a seguir:

1) Com relação a todo movimento em geral, de qualquer tipo que seja, pode-se estabelecer *a priori* que ele primeiro se torna perceptível por meio da comparação com algo em repouso; do que se conclui que a passagem do tempo, com tudo o que há nela, não poderia ser percebida se não houvesse algo que dela não participasse e com cujo repouso não pudéssemos comparar seu movimento. Julgamos aqui, é claro, por analogia com o movimento no espaço: mas o espaço e o tempo devem sempre servir para explicar um ao outro reciprocamente; portanto, devemos também representar o tempo sob a imagem de uma linha reta para construi-lo *a priori*, a fim de apreendê-lo intuitivamente. Consequentemente, é impossível imaginar que o movimento seria perceptível se tudo em nossa consciência se movesse para frente, simultânea e conjuntamente, no fluxo do tempo; para sê-lo, deveríamos antes pressupor uma coisa fixa em relação à qual o tempo fluiria com seu conteúdo. Para a intuição do sentido externo, isso é feito pela matéria, como a substância permanente, sob a mudança de acidentes; como Kant também mostra na prova da primeira analogia da experiência, p. 183 da primeira edição. É nesse ponto, no entanto, que ele comete o

erro intolerável, que já critiquei e que contradiz seus próprios ensinamentos, de dizer que não é o tempo em si que passa, mas apenas os fenômenos nele contidos. Que isso é fundamentalmente falso é comprovado pela firme certeza inerente a todos nós de que, mesmo que todas as coisas no céu e na terra parassem repentinamente, o tempo, sem ser perturbado por isso, continuaria seu curso; de modo que, se mais tarde a natureza fosse novamente posta em movimento, a pergunta sobre a duração da pausa que havia existido poderia, por si só, ter uma resposta bastante exata. Se fosse de outra forma, o tempo também teria que parar com o relógio ou, se o relógio estivesse funcionando, passar. Mas, precisamente esse estado de coisas, juntamente com nossa certeza *a priori* sobre ele, prova irrefutavelmente que o tempo tem seu curso e, portanto, sua essência, *em* nossa cabeça, e não fora dela. – No domínio da intuição externa, conforme eu disse, o que permanece é a matéria: em nosso argumento sobre a personalidade, por outro lado, estamos falando meramente da percepção do sentido *interno*, na qual também se admite o externo. Por isso, eu disse que se nossa consciência, com todo o seu conteúdo, se movesse uniformemente no fluxo do tempo, não poderíamos nos dar conta desse movimento. Logo, deve haver algo inamovível na própria consciência. Mas isso não pode ser outra coisa senão o próprio sujeito cognoscente, que observa o curso do tempo e a mudança de seu conteúdo de forma inabalável e inalterada. A vida se desenrola diante de seus olhos como um espetáculo. O quão pouco o sujeito toma parte nesse percurso se torna perceptível para nós quando, na velhice, evocamos vividamente as cenas da juventude e da infância.

2) Internamente, na autoconsciência, ou, para falar com Kant, através do sentido interno, conheço-me apenas *no tempo*. Todavia, considerado *objetivamente*, não pode haver algo permanente tão somente no mero tempo; porque isso pressupõe uma duração, que por sua vez pressupõe uma simultaneidade, e que novamente pressupõe *espaço* – (a justificativa dessa proposição pode ser encontrada em meu tratado *Sobre o princípio de razão*, §18, e também no *Mundo como vontade e representação*, 2. ed. vol. 1, §4 p. 10, 11 e p. 531 – 3. ed., pp. 10, 11 e 560). Apesar disso, no entanto, eu me vejo, de fato, como o substrato permanente de minhas representações, como o que persiste a todas as mudanças, que se relaciona com essas representações assim como a matéria se relaciona com seus acidentes mutáveis e que, consequentemente, assim como esta última, também merece o nome de *substância*; e como é não espacial, portanto inextensa, o de *substância simples*. Todavia, conforme eu disse, no mero tempo, por si só, nenhuma coisa permanente pode ocorrer, a substância em questão não é percebida por meio do sentido externo e, consequentemente, não está no *espaço*. Assim, para pensar nela como algo permanente no curso do tempo, devemos assumi-la como situada fora do tempo e dizer que todos os objetos estão situados no tempo, enquanto o sujeito cognoscente real não está. Como não há cessação ou fim fora do tempo, teríamos uma substância permanente, mas não

espacial nem temporal e, portanto, indestrutível, no sujeito cognoscente em nós.

Agora, para provar que esse argumento da personalidade de tal modo formulado é um paralogismo, seria preciso dizer que a segunda proposição dele se apoia em um fato empírico que pode ser oposto a um outro fato: que o sujeito cognoscente está ligado à vida e até mesmo à vigília, e que, portanto, sua permanência durante ambas não prova, de forma alguma, que ele também possa existir além delas. Pois essa permanência factual para a duração do estado consciente ainda está muito distante, sendo até mesmo *toto genere* distinta, da permanência da matéria (dessa origem e única realização do conceito de *substância*), que conhecemos na intuição e que compreendemos não apenas sua duração factual, mas sua necessária indestrutibilidade e impossibilidade *a priori* de aniquilação. Mas é por analogia com essa substância verdadeiramente indestrutível que gostaríamos de supor uma *substância pensante* em nós, o que nos daria a certeza de uma continuidade sem fim. Agora, além do fato de que esta última seria a analogia com um mero fenômeno (da matéria), o erro que a razão dialética comete na prova acima está em que ela trata a permanência do sujeito durante a mudança de suas representações no tempo da mesma forma que a permanência da matéria que nos é dada na intuição. Assim, a razão subsome ambas sob o conceito de substância para então poder atribuir a essa suposta substância imaterial tudo o que pode ser dito *a priori*, embora sob as condições da intuição, sobre a matéria, a saber, a continuidade no tempo. Ela assim o faz não obstante a persistência desta substância imaterial seja baseada tão somente na alegação de que ela própria não está em tempo algum, muito menos em todo o tempo, pelo que as condições da intuição, em consequência das quais se afirma *a priori* a indestrutibilidade da matéria, são aqui expressamente abolidas, notadamente a espacialidade. É exatamente nesta última (de acordo com as passagens de meus escritos acima mencionadas) que se baseia sua permanência.

No que diz respeito às provas da imortalidade da alma a partir de sua suposta *simplicidade* e consequente *indissolubilidade*, pela qual se exclui o único modo possível de extinção, qual seja, a dissolução das partes, deve-se dizer que todas as leis de surgimento, desaparecimento, mudança, permanência etc., que conhecemos *a priori* ou *a posteriori*, aplicam-se apenas ao *mundo corpóreo* objetivamente dado a nós e condicionado por nosso intelecto: portanto, assim que nos afastamos desse mundo e falamos de seres *imateriais*, não temos mais nenhuma autoridade para aplicar essas leis e regras a fim de afirmar como o surgimento e desaparecimento de tais seres é ou não possível; antes, falta-nos, aqui, qualquer fio condutor. Dessa forma, cortamos todas essas provas de imortalidade a partir da simplicidade da substância pensante. Pois a anfibolia consiste em falar de uma substância imaterial e depois subordiná-las às leis da matéria. Entrementes, o paralogismo da personalidade, conforme o concebi, fornece em seu primeiro argumento a prova *a priori* de que deve haver algo permanente em nossa consciência e, no segundo argumento, demonstra-o *a posteriori*. No todo, parece que está aqui a verdade da psicologia racional, aquela verdade que, em regra, encontramos em todo erro. Essa verdade é que, mesmo em nossa consciência empírica, um ponto eterno pode ser demonstrado, mas apenas um ponto, e apenas demonstrado, sem fornecer material para provas ulteriores. Aqui eu me refiro à minha própria doutrina, segundo a qual o sujeito do conhecimento é aquele que conhece tudo, mas não é conhecido: no entanto, nós o captamos como o ponto fixo no qual o tempo transcorre com todas as representações, na medida em que seu próprio curso só pode ser reconhecido, por sua vez, em contraste com algo que permanece. Chamei isso de ponto de contato do objeto com o sujeito. O sujeito do conhecimento é, para mim, tal como o corpo vivo cuja função cerebral se apresenta objetivamente, um fenômeno da vontade que, em sendo a única coisa em si, é aqui o substrato do correlato de todos os fenômenos, ou seja, do sujeito do conhecimento.

Se nos voltarmos agora para a *cosmologia racional*, encontraremos em suas antinomias expressões concisas da perplexidade decorrente do princípio de razão que sempre nos levou a filosofar. A intenção da exposição a seguir é enfatizar essa perplexidade de uma forma mais clara e sem rodeios, voltando-nos imediatamente para a consciência intuitiva; diferentemente de Kant, que a expõe de forma meramente dialética, operando com conceitos abstratos.

O *tempo* não pode ter início e nenhuma *causa* pode ser a primeira. Ambos são certos *a priori*, portanto são incontestáveis: pois todo começo está no tempo e pressupõe esse tempo; e toda causa deve ter uma causa anterior da qual ela é o efeito. Como, então, poderia ter havido um primeiro início do mundo e das coisas? (Por isso, o primeiro versículo do Pentateuco parece ser uma *petitio principii* no sentido mais genuíno da palavra). Por outro lado, se *não* tivesse havido um primeiro início, o presente atual e real não poderia ser *apenas agora*, mas já teria sido *há muito tempo*: pois entre ele e o primeiro início devemos supor algum intervalo de tempo determinado e limitado que, se negarmos o início, ou seja, se o fizéssemos retroceder para o infinito, também retrocederia. Mas mesmo *se* pusermos um primeiro início, isso não nos ajuda efetivamente: pois, mesmo se cortarmos arbitrariamente a cadeia causal, o mero tempo logo se nos mostrará problemático. Mais precisamente, a pergunta constantemente renovada "por que esse primeiro começo não ocorreu antes?" irá gradualmente retrocedê-lo passo a passo para o tempo sem início, de modo que a cadeia de causas que se encontra entre ele e nós seja então elevada a tal ponto que nunca poderá se tornar longa o suficiente para chegar até o presente atual e, assim, *ainda não* o teria alcançado. Mas isso é contradito pelo fato de que o presente existe realmente aí agora e até mesmo constitui nosso único dado para o cálculo. No entanto, a justificativa para a pergunta tão incômoda acima surge do fato de que o primeiro início, como tal, não pressupõe nenhuma causa anterior e, por essa mesma razão, poderia muito bem ter ocorrido trilhões de anos antes. Se não precisou de uma causa para ocorrer, não precisou esperar por uma, portanto, deve ter ocorrido infinitamente antes, porque não havia nada que a impedisse. Pois, como nada deve preceder o primeiro início como sua causa, nada deve precedê-lo como seu obstáculo: portanto, ele não tem absolutamente nada a esperar e nunca chega cedo o suficiente. Logo, não importa em que ponto do tempo o pusermos, jamais poderemos compreender por que ele não poderia estar lá bem antes. Assim, isso o faz retroceder ainda mais. Mas como o próprio tempo não pode ter nenhum início, então um tempo infinito, uma eternidade, sempre transcorreu até o instante presente: portanto, o processo de retroceder até o início do mundo é um processo sem fim, de modo que toda cadeia causal de lá até nós é demasiado curta, o que faz com que nunca alcancemos o presente a partir desse início. Isso resulta da nossa falta de um ponto de referência (*point d'attache*) dado e fixo, o que nos leva a assumir esse ponto em qualquer lugar arbitrário. Sucede, porém, que ele sempre escapa de nossas mãos, em direção ao infinito. – É isso que ocorre quando pomos um *primeiro início* e dele partimos: nunca conseguiremos chegar dele até o *presente*.

Se, inversamente, começarmos do *presente* realmente dado, então nunca chegaremos ao *primeiro início*, como já o constatamos, já que toda causa à qual ascendemos deve sempre ter sido o efeito de uma causa anterior, que então se encontra no mesmo caso, e isso nunca alcança um fim. Assim, agora o mundo se torna sem início para nós, como o próprio tempo infinito, de modo que nosso poder de imaginação se cansa e nosso entendimento não obtém nenhuma satisfação.

Essas duas visões opostas podem, portanto, ser comparadas a um bastão, cuja extremidade, seja qual for, pode-se convenientemente segurar, enquanto a outra sempre se estende até o infinito. A essência da questão, entretanto, pode ser resumida na proposição de que o tempo, como absolutamente infinito, é sempre demasiado grande para um mundo que nele é suposto como *finito*. Fundamentalmente, no entanto, a verdade da "antítese" na antinomia kantiana é novamente confirmada aqui; porque, se começarmos a partir do unicamente certo e verdadeiramente dado, que é o presente real, então o resultado é a ausência de início. O primeiro início, por sua vez, é meramente uma suposição arbitrária, que não pode ser reconciliada enquanto tal com o dito unicamente certo e real, a saber, o presente. – A propósito, devemos ver essas considerações como aquelas que descobrem as inconsistências decorrentes da suposição da realidade absoluta do tempo; consequentemente, como confirmações da doutrina fundamental de Kant.

A pergunta referente ao mundo ser limitado ou ilimitado no *espaço* não é transcendente enquanto tal, mas em si mesma empírica, uma vez que o tema ainda está no âmbito da experiência possível, da qual somos privados apenas por nossa própria constituição física. *A priori*, não há nenhum argumento demonstravelmente seguro aqui, seja em favor de uma ou de outra alternativa; de modo que a questão realmente se parece muito com uma antinomia, na medida em que, tanto em uma como em outra suposição, surgem inconvenientes consideráveis. A saber, um mundo limitado no espaço infinito, por maior que seja, reduz-se a um tamanho infinitamente pequeno, o que nos leva a perguntar: para que existe o resto do espaço? Por outro lado, não podemos conceber que nenhuma estrela fixa seja a mais externa do espaço. – A propósito, os planetas dessa estrela só teriam um céu estrelado à noite durante uma metade do ano, e um céu sem estrelas durante a outra metade, o que causaria uma impressão muito estranha a seus habitantes. Consequentemente, essa pergunta também pode ser expressa da seguinte forma: existe uma estrela fixa cujos planetas estão nessa situação ou não? Aqui, a questão se mostra obviamente empírica.

Em minha *Crítica da filosofia kantiana*, demonstrei que toda suposição de antinomias é falsa e ilusória. Com a devida reflexão, todos reconhecerão de antemão que é impossível que conceitos corretamente deduzidos de fenômenos e de suas leis *a priori* relacionados levem a contradições quando combinados para formar juízos e conclusões de acordo com as leis da lógica. Pois, nesse caso, teria de haver contradições no próprio fenômeno intuitivamente dado ou na conexão legal de seus elementos, o que é uma suposição impossível. Pois o intuitivo como tal não conhece contradição alguma: isso não tem, com respeito ao intuitivo, nem sentido nem significado. Pois a contradição existe apenas no conhecimento abstrato da reflexão: pode-se certamente, explícita ou veladamente, pôr algo e não o pôr ao mesmo tempo, ou seja, contradizer a si mesmo: mas algo real não pode ser e não ser ao mesmo tempo. É claro que Zenão de Eleia, com seus conhecidos sofismas, e Kant, com suas antinomias, queriam demonstrar o oposto do que foi dito acima. Por isso, refiro-me à minha crítica a este último.

A contribuição de Kant para a *teologia especulativa* já foi mencionada acima em termos gerais. Para enfatizar isso ainda mais, tentarei agora, com a maior brevidade, tornar a essência da questão bastante compreensível à minha maneira.

Na religião cristã, a existência de Deus é uma conclusão inevitável e está além de qualquer investigação. E é assim que deve ser, pois a ela pertence e é estabelecida por revelação. Portanto, considero um erro da parte dos racionalistas quando, em sua dogmática, tentam provar a existência de Deus por outros meios que não as Escrituras: em sua inocência, não percebem o quão perigoso é esse passatempo. A filosofia, por outro lado, é uma ciência e, como tal, não tem artigos de fé: consequentemente, nada pode ser assumido como existente nela, exceto o que é dado empiricamente ou demonstrado por conclusões inquestionáveis. É claro que há muito se acreditava nisso quando Kant desapontou o mundo ao demonstrar a impossibilidade de tais provas com tanta certeza que, desde então, nenhum filósofo na

Alemanha tentou estabelecê-las novamente. Contudo, ele estava totalmente autorizado a fazer isso; na verdade, fez algo altamente meritório, pois um dogma teórico que às vezes toma a liberdade de rotular de patife qualquer um que não o aceite merecia ser um dia seriamente examinado.

Com essas supostas provas, passa-se o seguinte. Como a *realidade* da existência de Deus não pode ser mostrada empiricamente, o próximo passo teria sido estabelecer a *possibilidade* dessa existência, o que já seria bem difícil. Em vez disso, porém, eles se esforçaram para provar sua *necessidade*, isto é, mostrar que Deus é um *ser necessário*. Ora, a *necessidade*, como já demonstrei muitas vezes e de modo suficiente, nada mais é do que a dependência de uma consequência de sua causa, ou seja, a ocorrência ou a posição da consequência porque a causa é dada. Desse modo, eles podiam escolher entre as quatro formas do princípio de razão por mim demonstrado, e apenas consideraram úteis as duas primeiras. Assim, surgiram duas provas teológicas, a cosmológica e a ontológica, uma de acordo com o princípio de razão do devir (causa), a outra de acordo com o princípio de razão do conhecimento. O primeiro pretende, de acordo com a lei da *causalidade*, apresentar essa *necessidade* como uma necessidade *física*, concebendo o mundo como um *efeito* que deve ter uma *causa*. Essa prova cosmológica é então acompanhada e respaldada pela prova físico-teológica. O argumento cosmológico é mais fortemente expresso na versão wolfiana, da seguinte forma: *se algo existe, então também existe um ser absolutamente necessário* – a ser entendido como o próprio dado ou como a primeira das causas pelas quais ele passa a existir. A última é então assumida. Essa prova, em primeiro lugar, revela seu ponto fraco ao ser uma inferência da consequência à causa – um tipo de inferência que a lógica já nega todas as reivindicações de certeza. Em seguida, ela ignora que, como já mostrei várias vezes, só podemos pensar em algo como *necessário* na medida em que é uma consequência, não na medida em que é a causa de alguma outra coisa dada. Além disso, a lei da causalidade, aplicada dessa maneira, prova demais: pois se ela teve que nos levar do mundo à sua causa originária, ela não nos permite parar por aí, mas nos leva à causa originária daquela causa originária, e assim por diante, implacavelmente, *in infinitum*. Isso faz parte de sua essência. Somos como o aprendiz de feiticeiro de Goethe, cuja criatura começa a funcionar quando é comandada e depois não para mais. Além disso, a força e a validade da lei da causalidade se estendem apenas à forma das coisas, não à sua matéria. Ela é o princípio orientador da mudança das formas, nada mais: a matéria permanece inalterada por todo o surgimento e desaparecimento das formas; o que reconhecemos antes de toda experiência e, portanto, sabemos com certeza. Finalmente, a prova cosmológica está sujeita ao argumento transcendental de que a lei da causalidade é comprovadamente de origem subjetiva e, portanto, aplicável apenas a *fenômenos* para o nosso intelecto, não à essência das *coisas em si mesmas*. – Subsidiária à prova cosmológica está, como dito, a prova *físico-teológica*, que busca dar prova, confirmação, plausibilidade, cor e forma à suposição introduzida pela primeira. Mas ela só pode aparecer sob o pressuposto da primeira prova, da qual ela é a explanação e ampliação. Seu procedimento consiste, então, em elevar essa primeira causa pressuposta do mundo a um ser cognoscente e volitivo, procurando estabelecê-la por indução a partir das muitas consequências que poderiam ser explicadas por tal causa. A indução, no entanto, pode, no máximo, dar grande probabilidade, nunca certeza: além disso, como eu disse, toda essa prova está condicionada à primeira. Mas se examinarmos essa tão propalada teologia física mais de perto e com mais seriedade, e a examinarmos à luz de minha filosofia, então ela acaba sendo a explicação de uma falsa visão fundamental da natureza, que reduz o fenômeno *imediato*, ou objetivação, da vontade a um fenômeno meramente *mediado*. Ou seja, em vez de reconhecer nos seres naturais a ação originária, primordialmente poderosa, incognoscível e, por essa mesma razão, infalivelmente certa da vontade, interpreta-a como ação meramente secundária, que só ocorreu à luz do conhecimento e guiada por motivos; e, assim, aquilo que é impulsionado de dentro para fora é tido como construído, modelado e esculpido a partir de fora. Pois se a vontade, como coisa em si e *de modo algum* como representação, no ato de sua objetivação, sai de sua originariedade para a representação, e abordamos o que se apresenta na representação sob a condição de que tenha sido produzido no próprio mundo da representação, isto é, como resultado do *conhecimento*, então evidentemente ela se apresenta como algo possível apenas por meio de um conhecimento extraordinariamente perfeito, que abrange todos os objetos e suas concatenações de uma só vez, como numa obra da mais alta sabedoria. Sobre isso, remeto ao meu tratado *Sobre a vontade na natureza*, especialmente às pp. 43-62 da 1. ed. (pp. 35-54 da 2. ed. e pp. 37-58 da 3. ed.), sob o título *anatomia comparativa*, e ao início da minha obra principal, vol. 2, cap. 26.

A segunda prova teológica, a *ontológica*, toma, como já dito, não a lei da causalidade, mas o princípio de razão do conhecimento como seu guia; pelo qual a necessidade da existência de Deus é aqui uma necessidade *lógica*. Nomeadamente, sua existência está implicada no conceito de *Deus* e é extraída por mero juízo analítico; de modo que esse conceito não pode ser sujeito de uma proposição na qual sua existência possa ser negada, pois isso contradiria o sujeito da proposição. Isso é logicamente correto, mas também é muito natural e um truque de prestidigitação fácil de se descobrir. Depois que o predicado da existência é posto no sujeito por meio do conceito de *perfeição* ou *realidade*, que é usado como um *terminus medius*, ele não pode subsequentemente deixar de ser reencontrado lá e então exposto em um juízo analítico. Mas isso não prova, de forma alguma, a legitimidade do conceito: ao contrário, ele foi concebido de forma bastante arbitrária ou então introduzido pela prova cosmológica, na qual tudo se reduz à necessidade física. Christian Wolf parece ter percebido isso, já que em sua Metafísica ele faz uso apenas do argumento cosmológico e afirma isso explicitamente. A prova ontológica pode ser encontrada na $2^{\underline{a}}$ (e $3^{\underline{a}}$) edição de meu tratado *Sobre a quadrúplice raiz do princípio de razão suficiente*, § 7, ao qual faço referência aqui.

Sem dúvida, ambas as provas teológicas se apoiam mutuamente, mas não se sustentam sozinhas. A cosmológica tem a vantagem de explicar como chegou ao conceito de um Deus e agora o torna plausível por meio de seu complemento, a prova físico-teológica. A ontológica, por outro lado, não pode provar de forma alguma como chegou ao seu conceito do ser supremamente real, de modo que ou finge que ele é inato, ou o toma emprestado da prova cosmológica e depois tenta sustentá-lo com proposições sublimes sobre o ser que não pode ser pensado senão como existente, cuja existência já está em seu conceito etc. Entretanto, não negaremos à invenção da prova ontológica a glória da engenhosidade e da sutileza se considerarmos o seguinte. Para explicar uma dada existência, demonstramos sua causa em relação à qual ela então se apresenta como necessária, o que serve como explicação. Esse caminho, por si só, como já foi suficientemente demonstrado, leva a um *regressus in infinitum* e, portanto, nunca pode chegar a uma conclusão que forneça uma base fundamental de explicação. A situação seria diferente se a existência de qualquer ser pudesse realmente ser deduzida de sua essência, ou seja, de seu mero conceito ou definição. Nesse caso, ela seria reconhecida como *necessária* (o que aqui, como em todo lugar, significa apenas que "algo é consequência de sua causa") sem estar vinculada a nada além de seu próprio conceito, fazendo, assim, com que sua necessidade não seja meramente transitória e momentânea, isto é, sem que ela seja novamente condicionada e sem que conduza sempre a séries intermináveis, como ocorre com a necessidade *causal*. Em vez disso, o mero fundamento cognitivo teria sido transformado em um fundamento real, em uma causa, e seria, assim, perfeitamente adequado para fornecer o ponto de conexão definitivo, portanto fixo, para todas as séries causais: teríamos, então, o que estamos procurando. Mas vimos acima que tudo isso é ilusório, e é de fato como se já Aristóteles quisesse evitar esse sofisma quando disse: o ser nunca é a essência do que quer que seja[95]; a existência não se refere à essência de nenhuma coisa[96] (*Analíticos posteriores*, II, 7). Sem se preocupar com isso, depois que Anselmo de Canterbury abriu caminho para uma linha de pensamento semelhante, Descartes estabeleceu o conceito de Deus enquanto tal como a única substância existente que cumpre aquilo que se exigia. Espinosa, porém, estabeleceu o de mundo. A partir de então, o mundo seria *causa sui*, ou seja, "o que existe por si e é concebido por si, logo que não carece de coisa alguma para existir"[97]: a esse mundo assim estabelecido, Espinosa concede então, *honoris causa*, o título Deus, a

---

95. τὸ δὲ εἶναι οὐκ οὐσία οὐδενί.

96. *ad nullius rei essentiam pertinet existentia.*

97. "*quae per se est et per se concipitur, quamobrem nulla alia re eget ad existendum. e. quae per se est et per se concipitur, quamobrem nulla alia re eget ad existendum*".

fim de satisfazer as pessoas. Mas ainda é o mesmo truque de prestidigitação[98] que procura tornar o que é logicamente necessário no que é realmente necessário e que, entre outros enganos semelhantes, finalmente deu origem à grande investigação de Locke sobre a origem dos conceitos, que lançou as bases da filosofia crítica. Um relato mais específico do procedimento desses dois dogmáticos está contido em meu tratado sobre o *Princípio de razão*, na 2ª (e 3ª) edição, §§ 7 e 8.

Agora que Kant, por meio de sua crítica à teologia especulativa, deu-lhe o golpe mortal, ele teve que procurar suavizar a impressão dessa crítica, ou seja, aplicar um paliativo, como anódino, sobre ela; análogo ao procedimento de Hume, que, no último de seus *Diálogos sobre a religião natural*, tão dignos de leitura quanto implacáveis, diz-nos que tudo era apenas diversão, um mero *exercitium logicum*. Assim, Kant forneceu seu postulado da razão prática como substituto para as provas da existência de Deus e da teologia moral delas decorrente. Esse postulado não tem qualquer pretensão de validade objetiva para o conhecimento, ou razão teórica, mas deveria ter plena validade em relação à ação, ou razão prática, pela qual se justificava uma fé destituída de saber – para que, assim, as pessoas pelo menos tivessem algo em mãos. Sua exposição, se bem compreendida, não diz senão que a suposição de um Deus justo que pune ou recompensa após a morte é um *esquema regulador* útil e suficiente para o propósito de interpretar a relevância ética, séria

---

98. *tour de passe-passe.*

e afetiva de nossas ações, bem como a realização dessas próprias ações; portanto, até certo ponto, uma alegoria da verdade, de modo que, nesse aspecto, que é o único importante em última análise, essa suposição pode tomar o lugar da verdade, mesmo que não possa ser justificada teórica ou objetivamente. – Um esquema análogo com a mesma tendência, mas muito mais verdadeiro, plausível e, portanto, de valor mais imediato, é o dogma do bramanismo da metempsicose retributiva, segundo o qual devemos um dia renascer na forma de todos os seres que ferimos para, em seguida, sofrer da mesma forma que eles. – Portanto, a teologia moral de Kant deve ser tomada no sentido indicado, tendo em mente que ele próprio não tinha permissão para se expressar tão francamente como aqui sobre o estado real das coisas, mas, ao estabelecer a monstruosidade de uma doutrina *teórica* de validade meramente *prática*, contou com o *granum salis* dos mais sensatos. – Os escritores teológicos e filosóficos desse último período, alienados da filosofia de Kant, têm procurado, em sua maioria, conferir ao tema a aparência de que a teologia moral de Kant é um verdadeiro teísmo dogmático, uma nova prova da existência de Deus. Mas esse não é, de forma alguma, o caso; ela é válida apenas no âmbito da moralidade, meramente em função da moralidade e nada além disso.

Em nenhum momento os professores de filosofia se permitiram ficar satisfeitos com isso por muito tempo, embora a crítica de Kant à teologia especulativa tenha lhes causado considerável constrangimento. Afinal, desde tempos imemoriais, eles reconheceram sua vocação especial para expor a existência e os atributos de Deus e fazer dele o principal objeto de sua filosofia; por isso, quando as Escrituras ensinam que Deus alimenta os corvos no campo, devo acrescentar: e os professores de filosofia em suas cátedras. Com efeito, até hoje eles ainda afirmam descaradamente que o Absoluto (novo título para o bom Deus) e sua relação com o mundo é o verdadeiro tema da filosofia, e ainda estão ocupados definindo, colorindo e fantasiando sobre ele. Afinal, os governos que gastam dinheiro com esse tipo de filosofias gostariam de ver bons cristãos e fiéis diligentes saindo das salas de aula filosóficas. Como, então, os cavalheiros da filosofia lucrativa devem ter se sentido quando Kant deslocou suas concepções para longe ao demonstrar que todas as provas da teologia especulativa eram insustentáveis e que todo o conhecimento relativo ao tema escolhido por eles era totalmente inacessível ao nosso intelecto? No início, eles tentaram se ajudar com seu conhecido remédio caseiro de ignorar e depois negar: mas isso não funcionou a longo prazo. Então, eles se lançaram na afirmação de que a existência de Deus era, de fato, impossível de ser provada, mas também não era necessária, pois era autoevidente, a coisa mais certa do mundo, não podíamos duvidar dela de forma alguma, tínhamos uma *consciência de Deus*, nossa razão era o órgão para o conhecimento imediato de coisas supramundanas, a razão imediatamente discernia os ensinamentos sobre essas coisas, e é por isso que ela se chama razão!

(Peço gentilmente ao leitor que consulte

meu tratado sobre o *Princípio de razão* na segunda e terceira edições, §34, e meu *Problemas fundamentais da ética*, pp. 146-151, e, finalmente, meu *Crítica da filosofia kantiana*, segunda edição, pp. 584-585). Da gênese dessa consciência de Deus, recebemos recentemente uma exposição pictórica notável, a saber, uma gravura que nos mostra uma mãe treinando seu filho de três anos de idade, ajoelhado na cama com as mãos dobradas, para orar; esse é certamente um processo frequente que constitui a gênese da consciência de Deus; pois não se pode duvidar que, depois que o cérebro, que está em seus primeiros estágios de crescimento, foi preparado dessa maneira na mais tenra idade, a consciência de Deus cresceu nele tão firmemente como se fosse realmente inata. – De acordo com outros, entretanto, a razão fornecia meros pressentimentos; enquanto outros ainda tinham até mesmo intuições intelectuais! Outros ainda inventaram o pensamento absoluto, ou seja, o pensamento no qual o ser humano não precisa procurar as coisas ao redor, mas, na onisciência divina, determina como elas seriam de uma vez por todas. Essa é, sem dúvida, a mais conveniente de todas essas invenções. Mas eles geralmente recorreram à palavra *Absolutum*, que nada mais é do que a prova cosmológica *in nuce*, ou melhor, é esta prova em uma contração tão forte que, tendo se tornado microscópica, escapa aos olhos, desliza sem ser reconhecida e agora se passa por algo compreensível: pois em sua verdadeira forma, desde o rigoroso exame kantiano, ela não está mais autorizada a se mostrar; como já demonstrei na segunda edição de meu tratado sobre o *Princípio de razão*, p. 36 fig. (3. ed. p. 37 fig.) e também em minha *Crítica da filosofia kantiana*, segunda ed., p. 544 (3. ed., p. 544). p. 544 (3. ed., p. 574). Não posso mais dizer quem foi o primeiro, há cerca de cinquenta anos, a usar o truque de contrabandear incógnito, sob o nome de *Absoluto*, a já destruída e proscrita prova cosmológica; mas o truque foi totalmente apropriado para as capacidades do público, pois até hoje o Absoluto é moeda corrente. Em suma, os professores de filosofia, apesar da *Crítica da razão* e de suas provas, nunca careceram de informações autênticas sobre a existência de Deus e sua relação com o mundo; e transmitir essas informações de forma detalhada é o que deveria consistir no ato de filosofar, de acordo com eles. Mas, como dizem, "dinheiro de cobre, mercadoria de cobre", então esse Deus que eles tomam como certo é exatamente assim: sem pé nem cabeça. É por isso que eles o mantêm tão atrás da colina, ou melhor, atrás de um edifício retumbante de palavras, de modo que dificilmente se reconhece uma ponta dele. Se ao menos pudéssemos forçá-los a explicar claramente o que realmente querem dizer com a palavra Deus, então veríamos se ela é autoevidente. Nem mesmo a *natura naturans* (na qual seu Deus frequentemente ameaça se transformar) é autoevidente, já que Leucipo, Demócrito, Epicuro e Lucrécio construíram o mundo sem ela. Mas esses homens, apesar de todos os seus erros, ainda valiam mais do que uma legião de cata-ventos cuja filosofia mercenária gira conforme o vento. Mas uma *natura naturans* ainda estaria longe de ser um Deus. Ao contrário, esse conceito apenas contém a ideia de que, por trás dos fenômenos tão transitórios e incansavelmente mutáveis da *natura naturata*, deve haver um poder imperecível e infatigável, em virtude do qual esses fenômenos são constantemente renovados, enquanto esse próprio poder não seria afetado pela destruição daqueles. Assim como a *natura naturata* é o objeto da física, a *natura naturans* é o objeto da metafísica. Isso finalmente nos levará à conclusão de que nós mesmos também pertencemos à natureza e, consequentemente, possuímos não apenas o espécime mais distinto e mais próximo da *natura naturata* e da *natura naturans*, mas até mesmo o único espécime de nós mesmos que nos é acessível *a partir de dentro*. Assim, uma vez que a reflexão séria e precisa sobre nós mesmos nos permite reconhecer a vontade como o núcleo de nosso ser, temos uma revelação direta da *natura naturans*, que então estamos autorizados a transferir para todos os outros seres conhecidos por nós apenas unilateralmente. Dessa forma, chegamos à grande verdade de que a *natura naturans*, ou a coisa em si, é a vontade em nosso coração; mas a *natura naturata*, ou o fenômeno, é a representação em nossa cabeça. Além desse resultado, no entanto, é evidente que a mera distinção entre uma *natura naturans* e *naturata* não é de forma alguma um teísmo, nem mesmo um panteísmo; já que para isso (se não for uma mera forma de falar) seria necessário o acréscimo de certas propriedades morais que obviamente não pertencem ao mundo, por exemplo a bondade, sabedoria, felicidade e assim por diante. Ademais, o panteísmo é um conceito que se suprime a si mesmo, uma vez que o conceito de um Deus pressupõe um mundo dele distinto como seu correlato essencial. Se, por outro lado, o próprio mundo deve assumir seu papel, então um mundo absoluto permanece sem Deus; portanto, o panteísmo é apenas um eufemismo para o ateísmo. Esta última expressão, no entanto, contém uma desonestidade, na medida em que assume antecipadamente que o teísmo é evidente, evitando astutamente a *affirmanti incumbit probatio*[99]; ao passo que o assim chamado ateísmo tem o *jus primi occupantis*[100] e deve primeiro ser derrotado pelo teísmo. Tomo a liberdade de dizer que as pessoas nascem sem circuncisão e, portanto, sem ser judeus. – Mas mesmo a suposição de uma causa que seja diferente do mundo ainda não é um teísmo. Este requer não apenas uma causa que seja diferente do mundo, mas também uma causa inteligente, ou seja, cognoscente e volitiva, portanto pessoal e individual. Somente uma tal causa pode ser designada pela palavra Deus. Um Deus impessoal não é em absoluto um Deus, mas apenas uma palavra mal utilizada, um não conceito, uma *contradictio in adjecto*, um xibolete para professores de filosofia que, tendo que desistir da questão, tentam passar desapercebidamente com a palavra. Por outro lado, a personalidade, ou seja, a individualidade autoconsciente, que primeiro *conhece* e depois *quer* de acordo com o que conhece, é um fenômeno que nos é conhecido

---

99. A quem afirma cabe oferecer a prova.

100. O direito do primeiro ocupante.

inteiramente pela natureza animal existente em nosso pequeno planeta e está tão intimamente ligado a ela que não apenas não estamos autorizados a pensá-la separada e independentemente, mas nem mesmo somos capazes disso. Mas supor que um ser desse tipo seja a origem da própria natureza, na verdade de toda a existência em geral, é um pensamento colossal e extremamente ousado que nos surpreenderia se o ouvíssemos pela primeira vez e se não tivesse se tornado familiar para nós por meio da memorização mais antiga e da repetição constante, tornando-se até mesmo uma segunda natureza; quase ouso dizer uma ideia fixa. Por isso, diga-se de passagem, nada confirmou tanto a autenticidade de Kaspar Hauser para mim quanto a declaração de que a chamada teologia natural que lhe foi apresentada não lhe foi particularmente compreensível, como seria de se esperar; além disso, ele testemunhou (de acordo com a carta do Conde Stanhope ao professor Meyer) uma reverência peculiar pelo sol. – Logo, ensinar na filosofia que esse pensamento teológico fundamental é evidente por si mesmo e que a razão é meramente a capacidade de compreendê-lo imediatamente e reconhecê-lo como verdadeiro é uma abordagem impertinente. Não apenas tal pensamento não deve ser aceito na filosofia sem a prova mais completa, mas mesmo na religião ele não é de forma alguma essencial: isso é atestado pela religião mais numerosa da Terra, o antigo budismo, que agora conta com 370 milhões de seguidores, altamente moral, até mesmo ascético e que mantém o clero mais numeroso. O budismo não admite tal ideia, senão que a abomina expressamente, e é plenamente, *ex professo*, de acordo com nossa expressão, ateísta[101].

De acordo com o acima exposto, o antropomorfismo é uma propriedade extremamente essencial para o teísmo. Não se trata, com o antropomorfismo, meramente de atribuir a Deus uma forma humana, nem mesmo afetos e paixões humanas; antes, trata-se do próprio fenômeno fundamental, nomeadamente uma vontade dotada de um intelecto para sua orientação; fenômeno esse que, como já dito, é conhecido por nós apenas pela natureza animal e mais perfeitamente pela

---

101. O Zaradobura, supremo Rahan (sumo sacerdote) dos budistas em Ava, em um ensaio sobre sua religião que ele deu a um bispo católico, inclui entre as seis heresias condenáveis a doutrina de que há um ser que criou o mundo e todas as coisas no mundo, e que somente ele seria digno de ser adorado (Francis Buchanan, *"On the religion of the Burmas"*, no *Asiatic Researches*, vol. 6, p. 268. 6, p. 268). Também vale a pena citar aqui o que é mencionado na mesma coleção, vol. 15, p. 148, a saber, que os budistas não curvam suas cabeças diante de nenhuma imagem dos deuses, alegando como razão que o ser primordial permeia toda a natureza e, consequentemente, também está em suas mentes. Da mesma forma, em seu *"Forschungen im Gebiet der älteren Bildungsgeschichte Mittelasiens"*, Petersburg 1824, p. 180, o erudito orientalista e acadêmico de São Petersburgo J. J. Schmidt diz: "O sistema do budismo não reconhece um ser divino eterno, incriado e único, que existia antes de todos os tempos e criou tudo o que é visível e invisível. Essa ideia lhe é completamente estranha e não há o menor vestígio dela nos livros budistas. Tampouco há uma criação e coisas do tipo". Onde está, então, a consciência de Deus dos professores de filosofia que são pressionados por Kant e pela verdade? Como isso pode ser conciliado com o fato de que a língua dos chineses, que constituem cerca de dois quintos de toda a humanidade, não tem termos para Deus e a criação? Assim, o primeiro versículo do Pentateuco não pode ser traduzido para o chinês, para grande perplexidade dos missionários, o que Sir George Staunton tentou remediar com um livro de sua autoria: *"An inquiry into the proper mode of rendering the word God in translating the Sacred Scriptures into the Chinese language"*, Lond. 1848 (Uma investigação sobre o modo apropriado de verter a palavra Deus na tradução das Sagradas Escrituras para a língua chinesa).

natureza humana, sendo concebível apenas como uma individualidade que, se for racional, chama-se personalidade. Isso também é confirmado pela expressão: "Tão certo como Deus é vivo" (Jó 27,2): pois Ele é precisamente um ser vivo, ou seja, um ser desejante dotado de conhecimento. Por essa mesma razão, um Deus tem um céu no qual ele se senta entronizado e reina. Foi bem mais por isso do que pelo que consta do Livro de Josué que o sistema copernicano foi imediatamente recebido com repulsa pela Igreja, e vemos, cem anos depois, Giordano Bruno defendendo simultaneamente esse sistema e o panteísmo. Aqueles que tentam purificar o teísmo do antropomorfismo imaginam trabalhar apenas na superfície, mas atacam, na verdade, sua própria essência: ao tentar apreender seu objeto abstratamente, eles o sublimam em uma figura nebulosa indistinta, cujo contorno, esforçando-se para evitar a figura humana, gradualmente se evapora completamente; assim, a própria ideia pueril fundamental é finalmente reduzida a nada. Pode-se, além do mais, acusar os teólogos racionalistas, aos quais tais tentativas são típicas, de contradizer o texto sagrado, que diz: "Deus criou o homem à sua própria imagem: à imagem de Deus o criou". Assim, chega de jargões de professores de filosofia! Não há outro Deus senão Deus, e o Velho Testamento é a sua revelação, especialmente no livro de Josué. Os filósofos e teólogos tiraram uma casca após a outra do Deus que originalmente era Jeová, até que no final não restou nada além da palavra.

Entretanto, em certo sentido poderíamos, com Kant, chamar o teísmo de postulado prático, ainda que em um sentido bem diferente daquele que fora por ele visado. O teísmo não é, com efeito, um produto do conhecimento, mas da vontade. Se ele fosse originariamente teórico, como poderia todas as suas provas serem tão insustentáveis? Antes, ele surge da vontade, do seguinte modo. A necessidade constante, que ora oprime severamente, ora move violentamente o coração (a vontade) de seres humanos e os mantêm perpetuamente em um estado de medo e esperança, enquanto as coisas das quais eles têm esperança e medo não estão sob seu controle; além da conexão das cadeias causais das quais surgem essas coisas que só podem ser acompanhada pelo seu conhecimento a uma curta distância; – Essa necessidade, esse constante temor e esperança, induzem a fazer a hipóstase de seres pessoais dos quais tudo depende. Pode-se antever que tais seres, assim como outras pessoas, serão mais receptivos a súplicas e lisonjas, serviços e dádivas e, portanto, mais fáceis de controlar do que a necessidade rígida, as forças implacáveis e insensíveis da natureza e os poderes sombrios do curso do mundo. No início, como é natural e como os antigos fizeram muito apropriadamente, esses deuses são vários, de acordo com a diversidade de circunstâncias. Mais tarde, devido à necessidade de trazer consistência, ordem e unidade ao conhecimento, eles são submetidos a um, ou até mesmo reduzidos a um. Esse um, por óbvio, como Goethe uma vez me disse, é muito pouco dramático, pois nada se pode fazer com uma só pessoa. O essencial, no entanto, é o impulso do ser humano angustiado de se prostrar e implorar por ajuda em sua frequente, miserável e enorme necessidade e no que diz respeito à sua bem-aventurança eterna. O ser humano prefere confiar na graça externa a confiar em seu próprio mérito: esse é um dos pilares do teísmo. Para que seu coração (vontade) possa ter o alívio da oração e o consolo da esperança, seu intelecto deve criar um Deus; mas não o contrário, como se ele orasse porque seu intelecto inferiu logicamente um Deus. Deixemos o ser humano desprovido de necessidades, desejos e carências, como um mero ser intelectual sem vontade; desse modo, ele não precisaria nem criaria um Deus. O coração, ou seja, a vontade, em sua grave aflição, tem a necessidade de invocar a assistência onipotente, portanto, sobrenatural; logo, um Deus é hipostasiado porque a oração deve ser feita, e não o contrário. Por isso, a parte teórica da teologia de todos os povos é muito diferente quanto ao número e à natureza dos deuses, mas que tais deuses podem ajudar e ajudam quando servidos e adorados é algo que todos têm em comum, porque esse é o ponto que importa. Ao mesmo tempo, porém, essa é a marca de nascença pela qual se reconhece a origem de toda a teologia, a saber, que ela brota da vontade, do coração, e não da cabeça ou do conhecimento, como se alega. Para corroborar isso, temos que a verdadeira razão pela qual Constantino, o Grande, e Clovis I, rei dos Francos, mudaram sua religião é que esperavam obter melhor apoio do novo Deus na guerra. Há alguns povos que, preferindo o tom menor ao maior, por assim dizer, têm apenas espíritos malignos em vez de deuses, aos quais solicitam, por meio de sacrifícios e orações, que não causem danos. Em geral não há grande diferença. Esses mesmos povos também parecem ter sido os habitantes originários das penínsulas indianas e do Ceilão, antes da introdução do bramanismo e do budismo, e diz-se que alguns de seus descendentes ainda têm essa religião cacodemonológica, assim como alguns povos selvagens. Essa também é a origem do capuísmo, que foi mesclado ao budismo cingalês. Os adoradores do demônio na Mesopotâmia visitados por Layard também pertencem a esse grupo.

O impulso de fazer *sacrifícios* aos deuses para comprar seu favor – ou, se eles já o tiverem demonstrado, para assegurá-los –, ou de suborná-los para afastar um mal, está intimamente relacionado à verdadeira origem de todo o teísmo descrito acima e decorre da natureza humana (cf. Sanchoniathonis, *Fragmenta*, ed. Orelli, Lips. 1826, p. 42). Esse é o sentido de todo sacrifício e, portanto, a origem e o sustentáculo da existência de todos os deuses, de modo que se pode verdadeiramente dizer que os deuses vivem do sacrifício. Precisamente porque o impulso de invocar e comprar a assistência de seres sobrenaturais é natural para o ser humano e sua satisfação é uma necessidade, embora seja fruto da aflição e da limitação intelectual, ele cria deuses para si mesmo. Daí a universalidade do sacrifício, em todos os tempos e entre os mais diversos povos, e a identidade da coisa, apesar das maiores diferenças de circunstâncias e de nível educacional. Heródoto (IV, 152), por exemplo, nos conta que um navio de

Samos obteve um lucro inaudito com a venda extremamente lucrativa de sua carga em Tartessos, e então os sâmios gastaram a décima parte desse lucro, que totalizava seis talentos, em um grande e muito bem trabalhado vaso de bronze, e o presentearam a Hera em seu templo. E hoje vemos, como contrapartida a esses gregos, o miserável, nômade, criador de renas da Lapônia, reduzido à forma de um anão, que esconde seu dinheiro poupado em diferentes lugares secretos entre as rochas e nos vales, que ele só divulga a seu herdeiro na hora da morte – exceto um lugar que ele esconde até mesmo deste herdeiro, porque sacrificou o dinheiro ali depositado para o *genio loci*, o deus tutelar de sua região (cf. Albrecht Pancritius, *Hägringar, Reise durch Schweden, Lappland, Norwegen und im Jahre 1850,* Königsberg 1852, p. 162). Assim, a crença em deuses está enraizada no egoísmo. Foi somente no cristianismo que o sacrifício autêntico desapareceu, embora ainda exista na forma de missas para as almas mortas e na construção de mosteiros, igrejas e capelas. Para os demais, no entanto, e especialmente entre os protestantes, o louvor, a glória e o agradecimento devem servir como substitutos para o sacrifício, que é, assim, levado aos superlativos máximos, mesmo em ocasiões que parecem pouco apropriadas para o observador imparcial: incidentalmente, isso é análogo ao fato de que o Estado nem sempre recompensa o mérito com presentes, mas com meras honrarias, e assim mantendo sua efetividade.

A esse respeito, vale a pena lembrar o que o grande David Hume disse:

Quer esse deus, portanto, seja considerado como seu patrono peculiar, quer como o soberano geral do céu, seus seguidores se esforçarão por todos os meios para se insinuar em seu favor; e supondo que ele se regozije, como eles, com louvores e lisonjas, não há elogio ou exagero que seja poupado em seus discursos a ele. À medida que os temores ou aflições dos homens se tornam mais urgentes, eles ainda inventam novos tipos de adulação; e mesmo aquele que supera seus predecessores no engrandecimento dos títulos de sua divindade, certamente será superado por seus sucessores em novos e mais pomposos epítetos de louvor. Assim procedem, até que finalmente chegam ao próprio infinito, além do qual não há mais progresso (*Essays and Treatises on several subjects*, Londres 1777, vol. II, p. 429.).

E mais:

Parece certo que, embora as noções originais dos vulgares representem a Divindade como um ser limitado e a considerem apenas como a causa específica da saúde ou da doença, da abundância ou da carência, da prosperidade ou da adversidade, ainda assim, quando ideias mais magníficas lhes são apresentadas, eles consideram perigoso recusar seu consentimento. Direis que vossa divindade é finita e limitada em suas perfeições; pode ser superada por uma força maior; está sujeita às paixões, dores e enfermidades humanas; tem um começo e pode ter um fim? Isso eles não se atrevem a afirmar; mas, achando mais seguro acatar os encômios mais elevados, esforçam-se, por meio de um arrebatamento e devoção afetados, para se insinuar junto a ele. Como confirmação disso, podemos observar que o consentimento do vulgar é, nesse caso, meramente verbal, e que eles são incapazes de conceber essas qualidades sublimes que aparentemente atribuem à Deidade. Sua ideia real dele, apesar de sua linguagem pomposa, ainda é tão pobre e frívola como sempre (*Essays and Treatises on several subjects*, Londres 1777, vol. II, p. 432).

Kant, a fim de amenizar a ofensividade de sua crítica a toda teologia especulativa, acrescentou-lhe não apenas a teologia moral, mas também a garantia de que, embora a existência de Deus deva permanecer indemonstrável, é igualmente impossível provar o contrário; assim, muitos se tranquilizaram com isso por não notarem que ele, com dissimulada ingenuidade, ignorou o *affirmanti incumbit probatio* [a prova cabe a quem afirma], bem como que o número de coisas cuja inexistência não pode ser provada é infinito. É claro que ele foi ainda mais cuidadoso em não apresentar os argumentos que poderiam efetivamente ser usados para uma contraprova apagógica, se não quiséssemos mais nos comportar de forma meramente defensiva, mas de forma agressiva. Os argumentos desse tipo seriam como segue:

1) Em primeiro lugar, a triste constituição de um mundo cujos seres vivos existem devorando uns aos outros, a consequente angústia e a aflição de tudo que é vivo, a infinidade e a magnitude colossal dos males, a variedade e a inevitabilidade dos sofrimentos que muitas vezes chegam ao ponto da crueldade, o fardo da própria vida e sua corrida para a morte amarga – tudo isso não pode ser honestamente conciliados com o fato de que deveria ser obra da união da bondade infinita, da onisciência e da onipotência. É tão fácil protestar contra isso quanto é difícil combatê-lo com razões válidas.

2) Há dois pontos que não só dizem respeito a todas as pessoas pensantes, mas também costumam estar no coração dos seguidores

de todas as religiões, e é por isso que a força e a resistência da religião se baseiam neles: primeiro, o significado moral transcendente de nossas ações e, segundo, nossa existência contínua após a morte. Se uma religião cuidou bem desses dois pontos, todo o resto é secundário. Portanto, examinarei o teísmo aqui em relação ao primeiro ponto e, no número seguinte, em relação ao segundo.

O teísmo, portanto, tem uma conexão dupla com a moralidade de nossas ações, a saber, uma *parte ante* e uma *parte post*, ou seja, com relação às razões e às consequências de nossas ações. Tomando o último ponto em primeiro lugar, o teísmo de fato fornece um suporte à moralidade, mas do tipo mais rudimentar, pelo qual a moralidade verdadeira e pura da ação é essencialmente suprimida, na medida em que todo ato desinteressado é imediatamente transformado em um ato de interesse próprio por meio de uma permuta muito lenta, mas segura, que se recebe como pagamento por ele. Pois o Deus que era o Criador no início aparece no final como vingador e retribuidor. A deferência a tal Deus pode, no entanto, dar origem a ações virtuosas, mas estas, uma vez motivadas pelo medo da punição ou pela esperança de recompensa, não serão puramente morais; antes, a essência interna de tal virtude se reduzirá a um egoísmo prudente e cuidadosamente calculado. Em última instância, a única coisa que importa é a firmeza da fé em coisas improváveis: se isso estiver presente, a pessoa não estará preparada para aceitar um curto período de sofrimento em troca de uma felicidade eterna, e o verdadeiro princípio orientador da moralidade será: *ser capaz de esperar*. Mas todo aquele que busca uma recompensa por seus atos, seja neste mundo ou em um mundo futuro, é um egoísta: se a recompensa esperada lhe escapa, não faz diferença se isso acontece devido ao acaso que governa este mundo ou devido à vacuidade delirante que construiu o mundo futuro para ele. É por isso que a teologia moral de Kant, na verdade, mina a moralidade.

A parte ante, o teísmo também está em desacordo com a moralidade, porque ele suprime a liberdade e a responsabilidade. Pois em um ser que, de acordo com sua *existentia* e *essentia*, é obra de outro, nem culpa nem mérito podem ser concebidos. Vauvenargues já dizia muito corretamente: "Um ser que recebeu tudo só pode agir de acordo com o que lhe foi dado; e todo o poder divino, que é infinito, não pode torná-lo independente"[102] (Discours sur la liberté. Ver *Obras completas*, Paris 1823, Tom. II, p. 331). Ele não pode, como qualquer outro ser concebível, agir de outra forma *que não seja de acordo com sua constituição* e, com isso, tornar manifesta tal constituição: será *constituído* tal como é *criado*. Se ele age mal, é porque é mau, e então a culpa não é dele, mas de quem o criou. Inevitavelmente, o autor de sua existência e de sua constituição, bem como das circunstâncias em que foi colocado, é também o autor de sua obra e de seus feitos, que são determinados por tudo isso tão seguramente quanto o triângulo o é por dois

---

102. *Un être, qui a tout recu, ne peut agir que par ce qui lui a été donné; et tout la puissance divine, qui est infinie, ne saurait le rendre indépendant.*

ângulos e uma linha. Santo Agostinho, Hume e Kant reconheceram e admitiram perfeitamente a correção desse argumento, enquanto outros o ignoraram de forma maliciosa e covarde; sobre isso, discorri longamente em meu escrito premiado *Tratado sobre a liberdade da vontade*, p. 67ss. (2. ed. p. 66ss.). Foi precisamente para elucidar essa terrível e exterminadora dificuldade que se inventou o *liberum arbitrium indifferentiae* [livre-arbítrio], a liberdade da vontade, o qual traz consigo uma ficção bastante monstruosa, sendo, portanto, sempre contestado e há muito tempo rejeitado por todas as cabeças pensantes, embora talvez em nenhum outro lugar tenha sido refutado tão sistemática e completamente como no texto ora mencionado. Que a ralé, até mesmo a ralé literária e a filosófica, se arraste por aí com a liberdade da vontade: o que isso importa para nós? A afirmação de que um dado ser é *livre*, ou seja, que ele, sob determinadas circunstâncias, pode agir tanto de uma forma quanto de outra, implica que ele tem uma *existentia* sem qualquer *essentia*, ou seja, que ele meramente *é* sem ser *algo*; portanto, que ele *nada* é, e ainda assim *é*; portanto, que ele simultaneamente é e não é. Isso é o cúmulo do absurdo, não obstante seja considerado válido por pessoas que não buscam a verdade, mas sim seu sustento, e que nunca aceitarão nada que não se encaixe em seu esquema, na *fable convenue* em que vivem: sua impotência é servida pelo fato de ignorar em vez de refutar. E deve-se dar qualquer peso às opiniões de tal rebanho inclinado à terra e obediente ao ventre?![103]. Tudo o que *é*, também é *algo*, tem uma essência, uma constituição, um caráter: em função disso, deve agir, deve atuar (o que significa agir de acordo com motivos), quando surgem as ocasiões externas que suscitam as manifestações individuais de tal caráter. A fonte do seu ser, a *existentia*, também é a fonte de seu Que, sua constituição, a *essentia*; porque embora essas duas coisas se diferenciem no conceito, não são separáveis na realidade. Mas aquilo que possui uma *essentia*, ou seja, uma natureza, um caráter, uma constituição, só pode agir de acordo com essa essência e jamais de outra forma: apenas o ponto no tempo, a forma peculiar e a constituição das ações individuais são determinadas a cada vez pelos motivos que se apresentam. Que o Criador tenha feito os seres humanos livres implica uma impossibilidade, a saber, que Ele tenha lhes concedido uma *existentia* sem *essentia*, ou seja, que Ele tenha lhes dado a existência meramente *in abstracto*, deixando que eles decidam o que querem ser. Sobre isso, recomendo a leitura do §20 do meu *Tratado sobre os fundamentos da moral*. – A liberdade moral e a responsabilidade, ou imputabilidade, pressupõem absolutamente a asseidade. As ações sempre surgirão, por necessidade, do caráter, ou seja, da constituição peculiar e, portanto, imutável, de um ser, sob a influência e de acordo com a medida de seus motivos: por isso, se ele deve ser responsável, deve existir originariamente e em virtude de seu próprio poder absoluto: deve, de

---

103. βοσκήματα, *in terram prona et ventri obedientia.*

acordo com sua *existentia* e *essentia*, ser sua própria obra e o autor de si mesmo, se quiser ser o verdadeiro autor de seus *atos*. Ou, como expressei em meus dois escritos premiados, a liberdade não pode estar no *operari* [agir], deve, portanto, residir no *esse* [ser]: pois certamente ela existe.

Uma vez que tudo isso não só é demonstrável *a priori*, como também a experiência cotidiana nos ensina claramente que todos trazem seu caráter moral para o mundo já pronto e permanecem imutavelmente fiéis a ele até o fim, e uma vez que, além disso, essa verdade é tácita, mas certamente pressuposta na vida prática real, já que todos estabelecem sua confiança ou desconfiança em outra pessoa de acordo com os traços de caráter revelados desta última, então podemos nos perguntar como, nos últimos 1600 anos, o oposto tem sido teoricamente afirmado e ensinado, a saber: que todos os seres humanos são, moralmente falando, originariamente iguais, e que a grande diversidade de suas ações decorre não de diferenças originárias e inatas de disposição e caráter, nem de circunstâncias e ocasiões que surgem, mas, na verdade, emergem do nada, e esse nada é então chamado de *livre-arbítrio*. – Mas essa doutrina absurda se torna necessária devido a outra suposição, também puramente teórica, com a qual está perfeitamente conectada, a saber, que o nascimento do ser humano é o início absoluto de sua existência, pois ele é criado a partir do nada (um *terminus ad hoc*). Agora, se, com base nessa suposição, a vida ainda deve conservar um significado e uma tendência morais, estes certamente devem se originar primeiramente durante o curso dessa vida, e a partir do nada, assim como todo o ser humano concebido dessa forma o é a partir do nada: pois qualquer relação com uma condição precedente, uma existência anterior ou um ato extemporâneo, que aponta para uma diferença imensurável, original e inata dos caracteres morais, está aqui, de uma vez por todas, excluída. Donde a ficção absurda do livre-arbítrio. As verdades, como é bem sabido, estão todas conectadas; mas os erros também se tornam necessários uns aos outros, tal como uma mentira requer uma segunda, ou como duas cartas, encostadas uma na outra, se apoiam mutuamente, desde que nada as derrube.

3) Partindo do pressuposto do teísmo, as coisas não são muito melhores com respeito à nossa existência contínua após a morte do que com respeito à liberdade da vontade. Aquilo que foi criado por outrem teve um início de sua existência. O fato de que a mesma coisa, não tendo existido por um tempo infinito, deva continuar de agora em diante por toda a eternidade, é uma suposição bastante ousada. Se no nascimento eu me tornei e fui criado a partir do nada, então é altamente provável que eu me torne nada novamente ao morrer. A duração infinita *a parte post* e o nada *a parte ante* não são compatíveis. Somente o que é originário, eterno e incriado, pode ser indestrutível (cf. Aristóteles, *De caelo*, I, 12. 282, a, 25 fig. e Priestley, *On matter and spirit*, Birmingham, 1782, vol. I, p. 234). Na melhor das hipóteses, portanto, podem se desesperar diante da morte aqueles que acreditam que há 30 ou 60 anos eram um puro nada e depois emergiram disso como obra de outrem, já que

agora têm a difícil tarefa de supor que uma existência que surgiu de tal modo, apesar de seu início tardio ocorrido somente após o decurso de um tempo infinito, será, no entanto, de duração infinita. Por outro lado, como deveria temer a morte aquele que se reconhece como o ser originário e eterno, a fonte de toda a própria existência, e que sabe que, propriamente, nada existe fora dele, que termina sua existência individual proferindo o ditado do sagrado *Upanixade*, ou convervando-o no coração, qual seja: "Sou todas estas criaturas na totalidade, e além de mim não há nenhum outro?"[104] Assim, somente ele, se pensarmos coerentemente, pode morrer tranquilamente. Pois, como dito, a *asseidade* é a condição tanto da imputabilidade como da imortalidade. Dessa forma, o desprezo pela morte e a mais perfeita serenidade, até mesmo a alegria de morrer, são muito comuns na Índia. O judaísmo, por outro lado, que é originariamente a única religião puramente monoteísta que ensina um verdadeiro Deus Criador do Céu e da Terra, não tem nenhuma doutrina da imortalidade com perfeita coerência, e, portanto, também não tem nenhuma retribuição após a morte, mas apenas punições e recompensas temporais, o que o distingue de todas as outras religiões, mesmo que isso não lhe seja vantajoso. As duas religiões que surgiram a partir do judaísmo tornaram-se, na verdade, inconsistentes em relação a isso, acrescentando a imortalidade a partir de doutrinas aprimoradas que haviam se tornado

---

104. *hae omnes creaturae in totum ego sum, et praeter me aliud ens non est.*

conhecidas em outros lugares e, ainda assim, mantendo o Deus Criador[105].

---

105. A verdadeira religião dos judeus, como é apresentada e ensinada em Gênesis e em todos os livros históricos até o final de Crônicas, é a mais crua de todas as religiões, porque é a única que não tem absolutamente nenhuma doutrina de imortalidade, nem qualquer vestígio dela. Todo rei e todo herói ou profeta é enterrado com seus pais quando morre, e isso é o fim de tudo: nenhum vestígio de qualquer existência após a morte; de fato, como se fosse intencional, todo pensamento desse tipo parece ser posto de lado. Por exemplo, Jeová faz um longo discurso de elogio ao rei Josias: ele termina com a promessa de uma recompensa. Esta promessa diz: ἰδοὺ προστίθημί σε πρὸς τοὺς πατέρας σου, καὶ προστεθήσῃ πρὸς τὰ μνήματά σου ἐν εἰρήνῃ [Vou reunir-te a teus pais; serás depositado em paz nas suas tumbas.]. E que, portanto, ele não deveria experimentar Nabucodonosor. Mas não há qualquer pensamento de outra existência após a morte e, portanto, de uma recompensa positiva em vez da meramente negativa de morrer e não sofrer mais. Mas, depois que o Senhor Jeová tiver desgastado e torturado suficientemente sua obra e seus brinquedos, ele os jogará fora no estrume: essa é a recompensa para eles. Precisamente porque a religião judaica não conhece a imortalidade e, consequentemente, também não conhece punição após a morte, Jeová não pode ameaçar o pecador que está bem na Terra a não ser punindo suas más ações em seus filhos e os filhos de seus filhos, até a quarta geração, como pode ser visto em Êxodo 34,7, e Números 14,18. – Isso prova a ausência de qualquer doutrina de imortalidade. Da mesma forma, a passagem em Tobias 3,6, onde ele pede a Jeová por sua morte ὅπως ἀπολυθῶ καὶ γένωμαι γῇ [que eu me redima e volte ao pó], e nada mais; nenhum conceito de existência após a morte. – No Antigo Testamento, a recompensa da virtude é a promessa de viver muito tempo na Terra (p. ex., Moisés 5,16.33), enquanto no Veda é prometido não nascer de novo. – O desprezo pelo qual os judeus sempre foram considerados por todos os seus contemporâneos pode ter sido devido, em grande parte, à natureza miserável de sua religião. O que o Koheleth [Eclesiastes] 3,19-20 expressa [Porque o destino dos filhos dos homens e o destino dos animais é o mesmo, um mesmo fim os espera. Tanto morre um como o outro. A ambos foi dado o mesmo sopro. A vantagem do homem sobre o animal é nula, porque tudo é vão. Todos caminham para um mesmo lugar. Todos saem do pó e para o pó voltam] é o verdadeiro credo da religião judaica.

Se houver alusão à imortalidade, como em Daniel 12,2 [Muitos daqueles que dormem no pó da terra despertarão, uns para uma vida eterna, outros para a ignomínia, a infâmia eterna], então é um ensinamento trazido por outros, como pode ser visto em Daniel 1, 4.6. No Segundo Livro dos Macabeus 7, a doutrina da imortalidade fica evidente e é de origem babilônica. Todas as outras religiões, as dos indianos, tanto os brâmanes quanto os budistas, os

Que, conforme já dito, o judaísmo seja a única religião puramente monoteísta – isto é, que ensina um único Deus Criador como a origem de todas as coisas – é um mérito que, incompreensivelmente, eles têm se esforçado para ocultar,

---

egípcios, os persas e até mesmo os druidas, ensinam a imortalidade e também, com exceção dos persas no Zendavesta, a metempsicose. Até mesmo os gregos e romanos tinham algo *post letum* [depois da morte], o Tártaro e o Elísio, e diziam: *Sunt aliquid manes, letum non omnia finit. Luridaque evictos effugit umbra rogos* [Os manes ainda são algo, e a morte não acaba com tudo. E a pálida sombra eleva-se vencedora das flamas da pira] (Propertius, *Elegiae 4,7*). Em geral, a verdadeira essência de uma religião como tal consiste na crença que ela nos dá de que nossa existência real não se limita à nossa vida, mas é infinita. Essa miserável religião judaica não consegue tal coisa; na verdade, ela nem mesmo tenta. É por isso que ela é a mais crua e a pior de todas as religiões e consiste meramente em um teísmo absurdo e ultrajante, que se resume ao fato de que o κύριος [Senhor], que criou o mundo, quer ser adorado; portanto, ele tem, acima de tudo, ciúme dos outros deuses: quando se faz sacrifícios a estes, ele ficará furioso e seus judeus se darão mal. Todas essas outras religiões e seus deuses são repreendidas como βδέλυγμα [abominável] no LXX [Septuaginta], mas é o judaísmo rude e sem a imortalidade que merece de fato esse nome. Pois é uma religião sem qualquer tendência metafísica. Enquanto todas as outras religiões tentam ensinar às pessoas o significado metafísico da vida por simbolismo e analogia, a religião judaica é completamente imanente e não fornece nada além de um mero grito de guerra na luta contra outros povos. Os judeus são o povo eleito de seu Deus, e Ele é o Deus eleito de seu povo. E ninguém precisa se preocupar com isso. Por outro lado, não se pode negar ao judaísmo a honra de ser a única religião verdadeiramente monoteísta da Terra: nenhuma outra tem um Deus objetivo, criador do Céu e da Terra.

Mas quando percebo que os atuais povos europeus se consideram, até certo ponto, herdeiros desse povo escolhido de Deus, não consigo esconder meu pesar. A propósito, a impressão que o estudo da LXX deixou em mim foi um amor sincero e uma reverência fervorosa pelo Μέγας Βασίλειος Ναβουχοδονόσορ [o grande rei Nabucodonosor], mesmo que ele tenha sido um pouco indulgente demais com um povo que mantinha um Deus que lhes dava ou prometia as terras de seus vizinhos, de cuja propriedade eles então se apossavam por meio de roubo ou assassinato e depois construíam um templo para o Deus. Que toda nação que guarda um Deus que transforma as terras vizinhos em *Terras Prometidas* encontre seu Nabucodonosor a tempo e também seu Antíoco Epífanes, e que não haja mais transtornos com ele!

sempre alegando e ensinando que todos os povos adoram o Deus verdadeiro, embora com nomes diferentes. No entanto, não isso só é lacunar, como é totalmente lacunar. Que o budismo – a religião mais importante da Terra devido ao número esmagador de seus adeptos – seja absoluta e explicitamente ateísta está fora de dúvida devido à concordância de todos os testemunhos não adulterados e escritos originais. Os Vedas também não ensinam um Deus-Criador, mas uma alma-mundo chamada Brama (no neutro), que surgiu do umbigo de Vishnu, com as quatro faces e como parte da Trimurti, e que é apenas uma personificação popular na mitologia indiana altamente transparente. Ele representa manifestamente a procriação, o surgimento de seres, como Vishnu, seu cume, e Shiva, seu declínio. Sua criação do mundo também é um ato pecaminoso, assim como a encarnação mundana de Brama. Então, como sabemos, Ahriman é igual ao Ormuzd do Zendavesta, e ambos surgiram do tempo imensurável, Zervane Akerene (se isso estiver correto). Da mesma forma, na belíssima e altamente legível *Cosmogonia dos fenícios*, escrita por Sanconíaton e preservada para nós por Filo de Biblos, que talvez seja o arquétipo da cosmogonia mosaica, não encontramos nenhum traço de teísmo ou criação do mundo por um ser pessoal. Pois aqui também vemos, tal como no Gênesis Mosaico, o caos originário afundado na noite; mas não surge nenhum Deus para ordenar que haja luz e que haja isto e aquilo: oh não! mas *o espírito se apaixona por seus próprios princípios*[106]: o espírito que fermenta na massa se apaixona por sua própria essência, e assim surge uma mistura daqueles constituintes primordiais do mundo da qual, muito apropriada e significativamente, a lama primordial se desenvolve em virtude do próprio anseio, *páthos*[107], que, como o comentador corretamente observa, é o Eros dos gregos. A partir disso surgem as plantas e, finalmente, também os seres cognoscentes, ou seja, os animais. Até então, como foi expressamente observado, tudo procedia sem cognição: *mas não reconheceu sua própria criação*[108]. É o que consta, acrescenta Sanconíaton, na cosmogonia escrita por Taaut, o egípcio. Sua cosmogonia é então seguida pela mais detalhada zoogonia. Certos processos atmosféricos e terrestres, que de fato lembram as suposições mais consistentes de nossa geologia atual, são descritos: finalmente, chuvas fortes são seguidas de trovões e relâmpagos, cujo estrondo assusta e desperta os animais cognoscentes para a existência, e então o macho e a fêmea *se movem na terra e no mar*. – Eusébio, a quem devemos esses fragmentos de Filo de Biblos (*Praeparatio evangelica*. lib. II, c. 10), acusa, com razão, essa cosmogonia de ateísmo. E é incontestável que ela o seja, assim como toda e qualquer doutrina sobre a origem do mundo, com a única exceção da judaica. – É verdade que na mitologia dos gregos e romanos encontramos deuses como pais de deuses e, incidentalmente, de humanos

---

106. ἡράσθη τὸ πνεῦμα τῶν ἰδίων ἀρχῶν.

107. πόθος.

108. αὐτὸ δὲ οὐκ ἐγίγνωσκε τὴν ἑαυτοῦ κτίσιν.

(embora estes sejam originariamente trabalho de oleiro de Prometeu), mas nenhum Deus-Criador. Pois o fato de alguns filósofos, que mais tarde se familiarizaram com o judaísmo, tenham querido reinterpretar o pai Zeus como tal Deus-Criador importa tão pouco quanto o fato de Dante, em seu *Inferno*, querer identificá-lo, sem ter obtido sua permissão, com Domeneddio, cuja sede de vingança e crueldade inauditas são ali celebradas e pintadas (p. ex., em c. 31, 92. c. 14, 70; c. 31, 92). Por fim (para pessoas que se apegam a qualquer coisa), também é totalmente incorreta a história, repetida inúmeras vezes, de que os selvagens norte-americanos adoravam o Deus Criador do Céu e da Terra sob o nome de Grande Espírito, e de que eram, portanto, puros teístas. Essa concepção errônea foi recentemente refutada por um Tratado sobre os selvagens norte-americanos, que John Scouler apresentou em uma reunião da Sociedade Etnográfica de Londres, em 1846, e do qual o *L'institut, journal des sociétés savantes*, seção 2, julho de 1847, extraiu um trecho. Este trecho diz o seguinte: *quando se fala do Grande Espírito nos relatos das superstições dos indígenas,* somos inclinados a supor que essa expressão denota uma representação correspondente àquela que atribuímos a ela e que sua crença é um teísmo simples e natural. Essa interpretação, por si só, está muito longe de ser a correta. A religião desses indígenas é antes um puro fetichismo que consiste em magia e feitiçaria. No relatório de Tanner, que viveu entre eles desde sua infância, os detalhes são fiéis e notáveis, mas muito diferentes das invenções de certos escritores: pois se vê que a religião desses indígenas é, na verdade, apenas um fetichismo, semelhante ao que era encontrado anteriormente entre os finlandeses e ainda é encontrado entre os povos siberianos. Entre os índios que vivem a leste das montanhas, o fetiche consiste apenas no primeiro objeto ao qual são atribuídas propriedades misteriosas etc.

Conforme tudo isso, a opinião aqui em questão deve dar lugar ao seu oposto, a saber, que apenas um único povo, de fato muito pequeno e insignificante, desprezado por todos os povos coetâneos e vivendo completamente sozinho entre todos, sem qualquer crença na continuidade após a morte, mas um povo eleito para tal destino, teve o monoteísmo puro ou o conhecimento do Deus verdadeiro; e o teve não por meio da filosofia, mas tão somente pela revelação, como é apropriado para tal: pois qual seria o valor de uma revelação que ensinasse o que poderia ser conhecido sem ela? O fato de que nenhum outro povo jamais tenha concebido tal pensamento deve contribuir para nossa avaliação da revelação.

14
Algumas observações sobre minha própria filosofia

Dificilmente algum sistema filosófico é tão simples e composto de tão poucos elementos como o meu; por isso, ele pode ser facilmente resumido e apreendido em um olhar. Isso se deve, em última análise, à completa unidade e concordância de suas concepções fundamentais, e é geralmente um sinal favorável de sua verdade, que está relacionada à simplicidade: quem tem de dizer a verdade expressa-se de modo simples[109], o selo da verdade está na simplicidade[110]. Meu sistema pode ser chamado de *dogmatismo imanente*, pois seus teoremas são de fato dogmáticos, embora não ultrapassem o mundo dado pela experiência; elas apenas esclarecem o que ele é, decompondo-o em seus constituintes últimos. Ou seja, o antigo dogmatismo derrubado por Kant (e não menos a fanfarronice dos três sofistas universitários modernos) é transcendente, no sentido de que vai além do mundo para explicá-lo a partir de algo outro: ele torna o mundo o efeito de uma causa, a partir da qual o deduz. Minha filosofia, por outro lado, começou com o princípio

---

109. ἁπλοῦς ὁ τῆς ἀληθείας λόγος ἔφυ.

110. *simplex sigillum veri.*

de que existem causas e efeitos apenas *no* mundo e sob a condição deste; de modo que o princípio de razão, em suas quatro modalidades, é meramente a forma mais geral do intelecto, enquanto o mundo objetivo existe apenas no intelecto, que é o verdadeiro *lugar do mundo*[111].

Em outros sistemas filosóficos, a consequência é obtida deduzindo-se princípio a partir de princípio. Para isso, no entanto, o conteúdo próprio do sistema deve necessariamente já estar presente nos princípios superiores, de modo que o restante, deles deduzido, dificilmente poderá deixar de ser monótono, pobre, vazio e enfadonho, já que meramente desenvolve e repete o que já foi afirmado nos princípios fundamentais. Essa triste consequência da dedução demonstrativa é mais perceptível no caso de Christian Wolff: mas mesmo Espinosa, que seguiu estritamente esse método, não conseguiu escapar totalmente dessa desvantagem, embora, em virtude de seu espírito, soubesse como compensá-la. Meus princípios, por outro lado, geralmente não se baseiam em cadeias inferenciais, mas diretamente no próprio mundo intuitivo. E a consistência rigorosa presente em meu sistema, tanto quanto em qualquer outro, não é, via de regra, obtida por meios meramente lógicos; antes, é aquela concordância natural de princípios que inevitavelmente surge do fato de que todas eles são baseadas no conhecimento intuitivo, ou seja, na apreensão intuitiva do mesmo objeto, apenas que considerado sucessivamente de diferentes perspectivas – em

---

111. *locus mundi.*

outras palavras, do mundo real em todos os seus fenômenos –, levando-se em conta a consciência na qual ele se apresenta. É por isso que nunca tive que me preocupar com a concordância dos meus princípios, mesmo quando alguns deles me pareciam incompatíveis, como às vezes acontecia por algum tempo: pois a concordância surgia depois, por si mesma, na medida em que os princípios se harmonizavam completamente; porque, para mim, a concordância nada mais é do que a concordância da realidade consigo mesma, que nunca pode estar ausente. Mas esse tipo de concordância é, em virtude de sua originariedade e porque está sob o controle constante da experiência, perfeitamente seguro: já a concordância deduzida, que o silogismo por si só produz, pode ser facilmente revelada como falsa assim que qualquer elo da longa cadeia estiver solto, frouxo ou errado. Assim, minha filosofia tem um solo amplo sobre o qual tudo se sustenta imediatamente e, portanto, seguramente, enquanto os outros sistemas se assemelham a torres erguidas: se um suporte se rompe aqui, tudo desmorona. – Tudo o que foi dito aqui pode ser resumido na proposição de que minha filosofia foi desenvolvida e apresentada de forma analítica, não sintética.

Posso afirmar, como característica peculiar de minha filosofia, que sempre busco *ir ao fundamento* das coisas, nunca deixando de segui-las até aquilo que é última e verdadeiramente dado. Isso acontece em virtude de uma inclinação natural que torna quase impossível que eu me acalme com qualquer conhecimento ainda geral e abstrato – e, portanto, ainda indeterminado –, com meros conceitos, e muito menos com palavras; antes, essa inclinação me impele até que eu tenha o último fundamento de todos os conceitos e proposições, que é sempre intuitivo, desnudado diante de mim, o qual devo então assumir como um fenômeno primordial ou, quando possível, ainda dissolvê-lo em seus elementos, sempre buscando ao máximo a essência da questão. Por essa razão, um dia será reconhecido (não, é claro, enquanto eu viver) que, comparado ao meu, o tratamento do mesmo assunto por algum filósofo anterior parece superficial. Portanto, a humanidade aprendeu comigo muitas coisas que jamais esquecerá, e meus escritos não desaparecerão.

O teísmo também permite que o mundo provenha de uma vontade, que os planetas sejam guiados em suas órbitas por uma vontade e que uma natureza seja evocada em sua superfície; só que o teísmo, infantilmente, transfere essa vontade para o exterior e só permite que ela atue sobre as coisas indiretamente, ou seja, a partir da intervenção do conhecimento e da matéria, à maneira humana; enquanto que na minha concepção a vontade não age sobre as coisas, mas nas coisas; na verdade, elas mesmas não são outra coisa senão a própria visibilidade da vontade. Mas, a partir dessa concordância, percebe-se que todos nós somos incapazes de pensar no originário de qualquer outra forma que não seja como uma vontade. O panteísmo chama a vontade que atua nas coisas de Deus, e eu já repudiei esse absurdo com frequência e veemência: eu a chamo de *vontade de vida*, porque isso expressa a última coisa cognoscível nela. – Essa mesma relação da mediaticidade com a imediaticidade aparece de novo na moral. Os teístas querem um equilíbrio entre o que uma pessoa faz e o que ela sofre: eu também quero. Mas eles assumem isso apenas mediante o tempo, um juiz e um vingador; eu, por outro lado, assumo isso imediatamente, demonstrando a mesma essência naquele que faz e naquele que sofre. Os resultados morais do cristianismo, até o mais alto ascetismo, encontram-se em mim racionalmente fundamentados e na conexão das coisas, ao passo que no cristianismo eles se baseiam em meras fábulas. A fé em tais coisas está diminuindo a cada dia; por isso, será preciso recorrer à minha filosofia. Os panteístas não podem ter nenhuma moralidade séria; – pois para eles tudo é divino e excelente.

Recebi muita censura pelo fato de que, filosoficamente, portanto teoricamente, apresentei a vida como miserável e de modo algum desejável; mas aquele que demonstra o mais decidido desprezo por ela na prática é elogiado, até mesmo admirado; e aquele que se esforça cuidadosamente para preservá-la é desprezado.

Mal meus escritos atraíram a atenção de alguns indivíduos, já se pôde ouvir a reivindicação quanto à prioridade com relação ao meu pensamento fundamental, e foi alegado que Schelling havia dito uma vez que a *vontade é o ser primordial*, e qualquer outra coisa desse teor que se pudesse alegar. A respeito dessa questão, deve-se dizer que a raiz da minha filosofia já está na de Kant, especialmente na doutrina do caráter empírico e inteligível, mas, em geral, no fato de que, sempre que Kant se aproxima um pouco mais da luz com a coisa em si, ele sempre a vê como a vontade através de seu véu. Chamei a atenção para isso expressamente em minha *Crítica da filosofia kantiana* e, consequentemente, disse que minha filosofia é apenas o pensar-até-o-fim de sua filosofia. Portanto, não devemos nos surpreender se traços do mesmo pensamento fundamental puderem ser encontrados nos temas filosóficos de Fichte e Schelling, que também procedem de Kant, embora eles ali apareçam sem consequência, conexão e efetivação. Portanto, devem ser considerados como um mero prelúdio à minha doutrina. Em geral, no entanto, deve-se dizer sobre esse ponto que, de toda grande verdade, antes que ela tenha sido encontrada, manifesta-se uma premonição, uma imagem indistinta, como se estivesse em uma névoa, e um esforço em vão para compreendê-la, porque o progresso do tempo a preparou. Assim, ditos isolados a preludiam. Somente aquele que reconheceu uma verdade em seus fundamentos e pensou em suas consequências, desenvolveu todo o seu conteúdo, examinou a extensão de seu domínio e, assim, apresentou-a de forma clara e coerente com plena consciência de seu valor e importância, é seu autor. Por outro lado, que, em tempos antigos ou modernos, tenha sido proferida em algum momento com meia consciência e quase como uma fala durante o sono, e que, portanto, possa ser encontrada se procurada posteriormente, não significa muito mais do que se estivesse com todas as letras[112], mesmo que esteja

---

112. *totidem litteris.*

lá com todas as palavras[113]. Da mesma forma, o descobridor de uma coisa é somente aquele que, reconhecendo seu valor, pegou-a e guardou-a, mas não aquele que a pegou uma vez e a deixou novamente escapar; assim como Colombo é o descobridor da América, mas não o primeiro náufrago que as ondas lançaram para lá. Esse é precisamente o significado do dito de Donatus: "Pereçam os que o disseram antes de nós"[114]. Se, por outro lado, alguém quisesse afirmar tais ditos casuais como prioridades contra mim, poderíamos ir muito mais longe e citar, por exemplo, o que diz Clemente de Alexandria (*Strom*. II, c. 17): "O querer tudo precede: pois as faculdades da razão são servidoras da vontade"[115] (S. Sanctorum Patrum Opera polemica, vol. V. Wirceburgi 1779: Clementis Alex. Opera Tom. II, p. 304). Como também o que diz Espinosa: "O desejo é a natureza ou essência de cada um"[116] (Ética. p. III, prop. 57); e, antes: "Este impulso chama-se vontade, quando se refere só ao espírito; mas chama-se apetite quando se refere ao espírito e ao corpo, que portanto não é outra coisa senão a própria essência humana"[117] (P. III, prop. 9, escólio, e finalmente p. III, defin. 1, explic.). Helvécio afirma com muita razão:

---

113. *totidem verbis.*

114. *pereant qui ante nos nostra dixerunt.*

115. προηγεῖται τοίνυν πάντων τὸ βούλεσθαι, αἱ γὰρ λογικαὶ δυνάμεις τοῦ βούλεσθαι διάκονοι πεφύκασι (Velle ergo omnia antecedit: rationales enim facultates sunt voluntatis ministrae).

116. *Cupiditas est ipsa unius cujusque natura seu essentia.*

117. *Hic conatus, cum ad mentem solam refertur, Voluntas appellatur; sed cum ad mentem et corpus simul refertur, vocatur Appetitus, qui proinde nihil aliud est, quam ipsa hominis essentia.*

Não há nenhum meio que o invejoso, sob a aparência da justiça, não empregue para degradar o mérito... É apenas a inveja que nos faz encontrar nos antigos todas as descobertas modernas. Uma frase sem sentido, ou ao menos ininteligível antes dessas descobertas, é suficiente para trazer à tona gritos de plágio[118] (*De l'esprit*, 4, 1).

Que me seja permitido lembrar mais uma passagem de Helvécio sobre esse ponto, cuja citação, no entanto, peço que não seja interpretada como vaidade e arrogância, mas que se tenha em vista apenas o correto pensamento nela expresso, deixando para decidir se alguma parte dela se aplica a mim ou não:

> Quem quer que aprecie considerar o espírito humano vê, em cada século, cinco ou seis homens de espírito girar em torno da descoberta feita pelo homem de gênio. Se a honra cabe a este último, é porque tal descoberta é mais fecunda nas suas mãos do que nas de qualquer outro; é porque ele expressa suas ideias com mais força e clareza; e porque, enfim, vemos sempre, nas diferentes maneiras com que os homens tiram vantagem de um princípio ou de uma descoberta, a quem esse princípio ou essa descoberta pertence[119] (*De l'esprit*, 4, I).

---

118. Il n'est point de moyens que l'envieux, sous l'apparence de la justice, n'emploie pour dégrader le mérite [...] C'est l'envie seule qui nous fait trouver dans les anciens toutes les découvertes modernes. Une phrase vide de sens, ou du moins inintelligible avant ces découvertes, suffit pour faire crier au plagiat.

119. Quiconque se plaît à considérer l'esprit humain voit, dans chaque siècle, cinq ou six hommes d'esprit tourner autour de la découverte que fait l'homme de génie. Si l'honneur en reste à ce dernier, c'est que cette découverte est, dans ses mains, plus féconde que dans les mains de tout autre; c'est qu'il rend ses idées avec plus de force et de netteté; et qu'enfin on voit toujours à la manière différente, dont les hommes tirent parti d'un principe ou d'une découverte, à qui ce principe ou cette découverte appartient.

Em consequência da velha e irreconciliável guerra, por toda parte sempre travada, pela incompetência e estupidez contra o espírito e a compreensão, – o espírito representado por legiões, a compreensão por indivíduos, – todo aquele que alcança algo digno e honroso tem de travar uma dura batalha contra a ignorância, o embotamento, o gosto corrupto, os interesses privados e a inveja, todos em aliança digna, da qual Chamfort diz: "examinando-se a liga dos estultos contra as pessoas de espírito, acreditar-se-ia ver uma conjuração de criados para derrubar seus senhores"[120]. No meu caso, adicionou-se um inimigo incomum: na minha área, um grande número de pessoas que tinham a profissão e a oportunidade de orientar o julgamento do público eram empregadas e pagas para divulgar e elogiar a pior de todas as coisas, a *hegelharia*, e elevá-la aos céus. No entanto, isto não pode ser bem-sucedido se também se quiser aceitar o bem, mesmo que em certa medida. A partir disso, explica-se ao leitor tardio o que de outra forma seria enigmático, a saber, que eu permaneci aos meus contemporâneos próprios tão estranho quanto o homem na lua. No entanto, um sistema de pensamento que, mesmo na ausência de qualquer participação por parte de outros, é capaz de ocupar seu criador incessante e vividamente durante toda a sua longa vida e de estimulá-lo a um trabalho persistente e não recompensado, é um testemunho de seu valor e

---

120. En examinant la ligue des sots contre les gens d'esprit, on croirait voir une conjuration de valets pour écarter les maîtres.

de sua verdade. Sem nenhum incentivo externo, apenas o amor pelo meu tema manteve meus esforços ao longo de meus muitos dias e nunca me deixou cansado: eu olhava com desprezo para a fama ruidosa dos maus. Ao entrar na vida, meu gênio me deu as seguintes opções: reconhecer a verdade, mas não agradar a ninguém com isso, ou ensinar o falso juntamente com os demais, para o aplauso e a aprovação dos outros. Isso não se configurou como uma escolha difícil para mim. Assim, o destino da minha filosofia tornou-se o contraponto do destino da hegelharia, de tal maneira que ambos podem ser considerados como as faces opostas da mesma folha, segundo a natureza de ambas as filosofias. A hegelharia, sem verdade, sem clareza, sem espírito, até mesmo sem senso comum, apresentando-se no disfarce da mais repugnante confusão linguística já ouvida, tornou-se uma filosofia catedrática imposta e privilegiada, consequentemente, um absurdo que sustentava seu homem. Minha filosofia, que surgiu no mesmo tempo, de fato possuía todas as características que faltavam àquela: no entanto, não estava adaptada a propósitos superiores, não era adequada para a cátedra naquela época, e, portanto, como se diz, não tinha utilidade alguma. Então seguiu-se, como o dia segue a noite, que a hegelharia tornou-se a bandeira que atraiu tudo, enquanto minha filosofia, por sua vez, não encontrou nem aprovação nem seguidores. Pelo contrário, foi deliberadamente ignorada, encoberta e, onde possível, sufocada; porque a presença dela perturbaria o jogo tão repugnante, como uma sombra na parede sendo perturbada pela luz do dia que entra. Assim, então, tornei-me a máscara de ferro, ou, como o nobre Dorguth diz, o Kaspar Hauser dos professores de filosofia: isolado do ar e da luz, para que ninguém me visse e para que minhas reivindicações inatas não pudessem se manifestar. Agora, no entanto, o homem silenciado pelos professores de filosofia ressurgiu, causando grande consternação entre eles, que não sabem que rosto devem mostrar.

Veja outros livros do selo *Vozes de Bolso* pelo site

livrariavozes.com.br/colecoes/vozes-de-bolso

Conecte-se conosco:

f facebook.com/editoravozes

◉ @editoravozes

𝕏 @editora_vozes

▶ youtube.com/editoravozes

◯ +55 24 2233-9033

www.vozes.com.br

Conheça nossas lojas:

www.livrariavozes.com.br

Belo Horizonte – Brasília – Campinas – Cuiabá – Curitiba
Fortaleza – Juiz de Fora – Petrópolis – Recife – São Paulo

EDITORA VOZES LTDA.
Rua Frei Luís, 100 – Centro – Cep 25689-900 – Petrópolis, RJ
Tel.: (24) 2233-9000 – E-mail: vendas@vozes.com.br